AI 교사와 교실의 재구성

AI문고

인공지능 시대입니다. 기계가 인간의 인지를 대신하고, 사물이 인간을 통하지 않고 다른 사물과 직접 커뮤니케이션합니다. 이에 따른 인간 삶과 문명 변화를 정확히 이해·예측·대응하는 것은 이 시대 우리 모두의 과제입니다. AI문고는 인공지능 기술과 환경의 여러 주제를 10가지 키워드로 정리합니다. 관련 개념과 이론, 학계와 산업계의 쟁점, 우리 일상의 변화를 다룹니다. 인간과 기술의 현재, 미래를 세심히 분석합니다.

일러두기

- 인명, 작품명, 저서명, 개념어 등은 한글과 함께 괄호 안에 해당 국가의 원어를 병기했습니다.
- 외래어 표기는 현행 어문규정의 외래어표기법을 따랐습니다.

처음이세요?

전문가세요?

AI 교사와 교실의 재구성

김은하·김세광·이경림

대한민국, 서울, 커뮤니케이션북스, 2026

AI 교사와 교실의 재구성

지은이 김은하·김세광·이경림
펴낸이 박영률

초판 1쇄 펴낸날 2026년 1월 19일

커뮤니케이션북스(주)
출판 등록 2007년 8월 17일 제313-2007-000166호
02880 서울시 성북구 성북로 5-11
전화(02) 7474 001, 팩스(02) 736 5047
commbooks@commbooks.com
www.commbooks.com

ISBN 979-11-430-1701-7 03500

책값은 뒤표지에 표시되어 있습니다.

차례

AI 시대, 교실의 풍경이 바뀐다

인공지능 시대, 교실이 변하고 있다. 칠판과 교과서만으로는 오늘날 교실을 설명하기 어렵다. 학생들은 스마트기기로 수업을 듣고, 모르는 것이 있으면 참고서보다 AI 챗봇을 먼저 찾는다. 과제를 준비할 때 생성형 AI에게 초안을 부탁하고, 복습이 필요할 때는 온라인 튜터와 모의시험을 진행한다. 교실 안팎에서 인공지능은 조용히, 그러나 깊게 학습 환경의 중심이 되어가고 있다.

최근 몇 년 사이 AI는 교육의 보조 도구를 넘어섰다. 학습을 설계하고, 학생 데이터를 분석하며, 평가를 수행한다. 이 책은 세 명의 저자가 AI가 교실을 어떻게 바꾸는지 함께 고민한 결과다. 인공지능을 새로운 동반자로 받아들이되, 그 영향력을 비판적으로 검토하고, 교육이 붙들어야 할 본질이 무엇인지를 묻고자 한다. 기술이 빠르게 진화할수록 교육이 잃지 말아야 할 질문이 있다.

"배움이란 무엇인가."

"인간다운 성장은 어떻게 가능한가."

인공지능이 지식 전달과 문제 풀이를 대신할수록, 이

질문은 오히려 더 무거워진다. 배움이 단순한 성취 점수가 아니라 한 사람의 삶을 견디게 하는 힘이라면, 교육은 기술보다 앞서 인간을 말해야 한다. 이 책은 바로 그 지점에서 출발한다. AI를 중심에 두기보다 AI를 통해 사람과 의미, 교육의 본질을 다시 생각하고자 한다.

교실 안에서 학생들의 수준은 제각각이다. 과거엔 평균에 맞춰 가르쳤다. 지금은 AI가 그 차이를 데이터로 보여 준다. 어떤 학생은 인공지능 튜터와 1:1로 수학 문제를 풀고, 또 다른 학생은 쓰기 과제를 생성형 AI와 함께 구성한다. 학습 분석 시스템은 누가 어느 지점에서 멈추는지, 어느 개념에서 반복적으로 잘못된 개념이 나타나는지 추적한다. 적응형 평가는 학생의 응답에 따라 난이도를 바꾸며 새로운 문제를 제시한다. 겉으로 보면 그 어느 때보다 정교하고 효율적인 학습 환경이다. 그러나 이 풍경이 곧 "교육의 진보"를 의미하는 것은 아니다. 학생은 데이터를 생산하는 존재로만 취급되지 않는가. 학습 경로를 설계하는 알고리즘 뒤에 숨은 가정은 무엇인가. 교사는 단순한 감시자나 관리자 역할로 밀려나고 있지는 않은가. 바로 이런 질문을 붙들지 않으면 인공지능은 교육을 돕는 도구를 넘어, 교육의 목적과 방향을 흐리는 장치가 될 수 있다. 이 책은 기술의 가능성뿐만 아니라 그 이면의 그늘까지 살피면서, '교육'이라는 렌즈로 인공지능을 바라보려는 시도다.

왜 지금 이 이야기를 해야 할까. 오늘의 학생들은 AI와 함께 자라는 첫 세대다. AI는 그들에게 특수한 기술이 아니라 전기나 인터넷처럼 일상의 환경이다. 어떤 질문이든 AI에게 먼저 묻는 습관이 자연스러운 세대에게, 교실은 더 이상 디지털 이전 시대의 공간이 될 수 없다. 인공지능을 이해하고 활용하며 동시에 거리 두기를 배워야 하는 것은 생존 역량이자 시민성의 일부다.

둘째, 인공지능은 노동시장, 민주주의, 공정성, 돌봄과 같이 교육과 긴밀하게 연결된 영역을 동시에 흔들고 있다. 어떤 일은 사람이 하고 어떤 일은 기계가 할 것인지, 누가 데이터를 소유하고 의사 결정을 내리는지, 알고리즘이 누구에게 유리하거나 불리하게 작동하는지는 교육 밖의 문제가 아니다. 직업 세계의 재편은 진로 교육과 역량 교육의 방향을 바꾸고, 알고리즘 공정성 논쟁은 학교의 평가 · 선발 · 진급 시스템을 되돌아보게 만든다.

셋째, 교실은 여전히 다음 세대를 준비시키는 핵심 공간이다. 인공지능이 교실에 들어오는 방식은 그 사회가 인간을 어떻게 이해하는지, 어떤 시민을 길러내고자 하는지에 대한 집단적 선택을 드러낸다. 인공지능을 "성적을 올려 주는 도구"로만 쓸 것인지, 아니면 "인간과 사회를 비추는 거울"로 삼을 것인지는 교육의 방향을 가르는 기준이 된다.

이러한 고민을 바탕으로, 이 책에서는 교육 현장의 핵심 주제 열 가지를 골라서 다룬다. 개인화 학습, 지능형 튜터링 시스템, 적응형 평가, 학습 분석학, 생성형 AI, 교사 역할 재정의, AI 리터러시, 알고리즘 공정성, 소셜 로봇, 교육 거버넌스가 그것이다.

선정 기준은 다음과 같다.

교실의 수업과 평가 방식을 실제로 바꾸고 있는가.

교사의 역할과 전문성을 재정의하는 데 중요한가.

미래 시민으로 살아갈 학생들의 핵심 소양과 연결되는가.

교육 불평등, 공정성, 책임성과 같은 구조적 쟁점과 깊게 맞닿아 있는가.

기술 낙관과 비관을 동시에 불러일으킬 만큼 논쟁적인가.

이 기준에 따라 구성된 열 개의 아이템은 서로 고립된 주제가 아니다. 교실에서 인공지능이 실제로 도입되는 순간, 개인화 학습과 지능형 튜터링, 적응형 평가와 학습 분석학이 하나의 생태계 안에서 동시에 작동한다. 그 과정에서 교사의 역할은 재정의되고, 학생들은 AI 리터러시를 몸으로 익히며, 알고리즘 공정성과 거버넌스의 문제는 구체적인 경험으로 드러난다. 이 책은 각 장을 독립적으로 읽을 수 있도록 구성했지만, 처음부터 끝까지 읽어 나가면 "AI 교사와 교실의 재구성"이라는 하나의 큰 지도가 자연스럽게 떠오르도록 설계했다.

이제 세 저자가 각각 어떤 시각으로 이 지도를 그려 나가는지 보자. 먼저 1장부터 3장까지는 김세광이 집필했다. 이 부분은 인공지능이 "학습의 구조"를 어떻게 새롭게 설계하는지에 초점을 둔다. 1장 '개인화 학습'은 오랫동안 교육에서 이야기해 온 "한 사람 한 사람에게 맞추는 교육"이 인공지능과 만나 구체적으로 어떻게 구현되고 있는지 살핀다. 개인화 학습은 학습자의 수준, 흥미, 학습 이력 데이터를 바탕으로 맞춤형 콘텐츠와 학습 경로를 제공하는 방식이다. 표면적으로는 이상적인 그림처럼 보인다. 그러나 데이터 중심 개인화가 학생을 "수정 가능한 점수와 패턴"으로 축소할 위험, 알고리즘이 설계한 길이 "정답인 경로"로 받아들여질 위험도 함께 존재한다. 개인화 학습의 장점과 함께, 인간 교사가 여전히 감당해야 할 해석과 돌봄의 영역을 분명히 짚어 간다.

2장 '지능형 튜터링 시스템'은 "모든 학생에게 1:1 교사를 붙여 주고 싶다"는 교육의 오랜 꿈을 기술적으로 구현하려는 시도다. 인공지능 튜터는 학생의 오답 패턴을 분석하고, 적절한 힌트를 제공하며, 이해 수준에 따라 설명 방식을 바꾼다. 때로는 질문을 되돌리며 사고를 촉진한다. 여기서 중요한 질문은 이것이다. 지능형 튜터는 어디까지 '교사 같은 존재'가 될 수 있는가. 그리고 어디부터는 분명히 교사가 되어서는 안 되는가. AI 튜터를 효율적인 도우미로만 볼 것인지, 교육 관계의 새로운 구성원으로 볼 것인지에 따라 교실의 풍경이 어떻게 달라지는지 구체적인 사례와 함께 분석한다.

3장 '적응형 평가'는 기존의 시험 제도를 다시 쓰는 시도다. 동일한 문제를 한 번에 치르는 일회성 시험에서 벗어나, 응답에 따라 난이도와 문항 구성이 실시간으로 조정되는 평가 체제는 학습자의 역량을 더 정밀하게 측정할 수 있는 가능성을 보여 준다. 동시에 알고리즘이 어떤 기준으로 난이도를 조정하는지, 그 기준 안에 어떤 편향과 전제가 들어 있는지에 대한 질문을 불러온다. 김세광은 적응형 평가를 "시험의 종말"이 아닌 "시험의 재설계"로 이해하며, 평가의 목적 · 공정성 · 책임성을 다시 점검할 것을 제안한다.

다음으로 4장부터 7장까지는 김은하가 집필했다. 이

부분은 교실 현장 속에서 이미 깊이 작동하고 있는 인공지능과 교사의 관계, 그리고 학생들이 체감하는 변화를 중심에 둔다.

4장 '학습 분석학'은 교실에서 생성되는 방대한 학습 데이터를 읽어 내는 시도를 다룬다. 온라인 수업 참여 정도, 과제 제출 패턴, 동영상 시청 시간, 토론 활동 기록 등은 모두 분석의 대상이 된다. 이 데이터는 학습 부진을 조기에 발견하고, 교육과정을 개선하며, 학교 차원의 지원 전략을 세우는 데 유용한 도구가 될 수 있다. 동시에 학생의 일거수일투족이 평가와 통제의 근거가 되는 "교육적 감시"의 위험도 내포한다. 데이터 기반 교육의 효율성과 학습자의 프라이버시 · 자율성 사이에서 어떤 균형점을 찾아야 하는지, 실천 가능한 가이드라인을 중심으로 제안한다.

5장 '생성형 AI와 글쓰기 혁명'은 현재 가장 직접적으로 교실 환경에 영향을 미치고 있는 기술이다. 학생들은 에세이, 보고서, 발표 자료, 코딩 과제까지 생성형 AI에게 도움을 요청한다. 교사들은 표절, 학업 성실성, 평가 기준의 의미를 다시 묻는 상황에 서 있다. 생성형 AI를 단순히 "부정행위를 돕는 도구"로 규정하지 않는다. 아이디어를 발산하고 초고를 함께 쓰며, 비판적 검토를 훈

련하는 파트너로 활용할 수 있는 가능성을 적극적으로 탐색한다. 동시에 글쓰기 능력과 창의성, 학업 성취의 의미를 인공지능 시대에 어떻게 재정의할 것인지 질문했다.

6장 '교사 역할 재정의'는 인공지능이 단순 · 반복 업무와 지식 전달 기능을 상당 부분 대신하는 상황에서, 교사가 어디에 자신의 전문성을 집중해야 하는지 고찰한다. 수업 자료 제작, 채점, 행정 업무가 AI와 자동화 도구로 줄어들 때, 교사는 오히려 학생의 삶과 맥락을 이해하고, 의미 있는 배움의 경험을 설계하며, 학급 공동체를 이끄는 역할에 더 깊이 들어갈 수 있다. 교사를 "지식 전달자"가 아니라 "학습 설계자", "관계 조정자", "도덕적 안내자"로 바라보는 관점을 제시하며, 교사 교육과 지원 시스템의 재구성을 함께 논의한다.

7장 'AI 리터러시'는 인공지능 시대의 새로운 기초 소양을 다룬다. 인공지능을 "잘 쓰는 법"을 넘어, 작동 원리, 데이터와 편향의 문제, 결과물의 해석과 검증, 윤리적 사용 기준까지 포함하는 넓은 개념으로 본다. 김은하는 AI 리터러시를 정보 활용 능력과 시민성을 잇는 교육과제로 제시한다. 학생들이 인공지능의 도움을 받으면서도 스스로 판단하고 책임지는 존재로 성장하려면 어떤 교육 경험이 필요한지, 교과와 비교과에서 어떤 구체적 설계가 가능한지 살펴보았다.

마지막으로 8장부터 10장까지는 이경림이 집필하였다. 이 부분은 인공지능 시대 교육의 윤리, 공정성, 제도와 정책을 거시적 관점에서 조망한다. 8장 '알고리즘의 공정성'은 인공지능이 교육 불평등을 완화할 것인지, 아니면 새로운 형태의 불평등을 만들어 낼 것인지에 대한 핵심 쟁점을 다룬다. 입시, 성적, 진급, 선발 과정에 알고리즘이 개입할수록 이미 존재하는 사회·경제적 격차가 디지털 코드 안에서 재생산되거나 확대될 수 있다. "알고리즘은 중립적이다"라는 통념을 비판하고, 교육 영역에서 공정한 AI 시스템을 설계하기 위해 필요한 기준과 절차를 탐색한다.

9장 '공감하는 기계, 소셜 로봇'은 교실의 물리적 풍경 변화에 관한 논의다. 감정을 인식하고, 표정과 몸짓으로 반응하며, 학생과 상호작용하는 로봇이 교실에 들어왔을 때, 학습과 관계는 어떻게 달라지는가. 특히 자폐 스펙트럼 학생이나 정서·행동에 어려움이 있는 학생들에게 소셜 로봇은 부담이 적은 연습 상대이자 학습 동반자가 될 수 있다. 동시에 기계와의 정서적 유대, 돌봄의 자동화, 인간관계에 미칠 장기적 영향 같은 윤리적 질문도

피할 수 없다. 소셜 로봇의 교육적 가능성과 한계를 균형 있게 조명한다.

10장 '미래 교육 거버넌스'는 "누가 교실의 인공지능을 설계하고, 도입을 결정하며, 책임지는가"라는 구조적 질문을 정면에서 다룬다. AI 교과서, 학습 플랫폼, 평가 시스템은 민간 기업, 교육 당국, 학교, 국제 표준이 복잡하게 얽힌 결과물이다. 학생들의 학습 데이터는 어디에 저장되고, 누가 접근하며, 어떤 목적으로 활용되는가. 혁신과 공공성, 데이터 주권과 효율성 사이에서 어떤 거버넌스 모델을 선택할지에 따라 교육의 미래는 크게 달라진다. 교육 생태계를 거시적 시야로 바라보며, 정책적 방향과 사회적 합의의 필요성을 제기한다.

정리하면, 1장부터 3장까지는 김세광이 개인화 학습, 지능형 튜터링 시스템, 적응형 평가를 통해 인공지능이 학습 구조를 새롭게 설계하는 방식을 살폈다. 4장부터 7장까지는 김은하가 학습 분석학, 생성형 AI, 교사의 역할 변화, AI 리터러시를 중심으로 교실 속 실제 변화와 교사·학생이 마주하는 도전을 다루었다. 8장부터 10장까지는 이경림이 알고리즘 공정성, 소셜 로봇, 교육 거버넌스를 통해 인공지능 시대 교육의 윤리와 제도, 정책의 방향을 모색했다. 세 저자는 서로 다른 영역을 맡았지만,

“기술보다 사람, 효율보다 의미”라는 공통된 관점을 중심에 두고 글을 썼다.

이 책은 인공지능을 찬양하지도, 과도하게 두려워하지도 않는다. 인공지능을 잘 쓰자는 말보다 먼저, 무엇을 위해 쓸 것인가, 무엇을 절대로 넘겨주지 않을 것인가를 묻는다. 인공지능이 교실의 풍경을 바꾸는 시대에도, 교육은 여전히 인간을 위한 일이라는 사실을 분명히 하고 싶다. 이 서문이 독자에게 하나의 정답이 아니라 여러 개의 좋은 질문을 남기기를 바란다. “인공지능이 교실을 어떻게 바꿀 것인가”라는 질문에서 멈추지 않고, “인공지능 시대에 우리는 어떤 교실을 선택할 것인가”, “어떤 교사가 되고 어떤 학생을 길러낼 것인가”라는 질문으로 나아가기를 기대한다.

01
개인화 학습

같은 교실에 앉아 있어도 학생마다 배우는 속도가 다르고, 이해하는 수준도 제각각이다. 하지만 그동안 학교 교육은 이런 차이를 제대로 반영하지 못했다. 인공지능을 쓴 개인화 학습은 학생의 데이터와 행동을 분석해서 맞춤형 콘텐츠를 제공한다. 쉽게 말해 '모두를 위한 교육'에서 '한 사람 한 사람을 위한 교육'으로 바뀌는 것이다. OECD는 AI 기반 개인화 학습을 주목한다. 학생의 역량을 키우면서 교육의 공정성과 효율성을 함께 높일 수 있다고 본다(OECD, 2023).

기후 위기와 인공지능?

왜 지금 '개인화 학습'인가

4차 산업혁명 시대에는 '한 교실, 한 교과서, 같은 진도'라는 표준화 방식이 더 이상 통하지 않는다. 학생마다 배경 지식도, 흥미도, 학습 속도도, 심지어 정서 상태도 다 다르다. 하지만 기존 교육은 이런 차이를 제대로 반영하지 못했다. AI의 발전이 이런 불균형을 바로잡을 가능성을 열고 있다. AI는 학생의 성취도, 문제 푸는 시간, 학습 습관을 분석한다. 그래서 각자에게 맞는 내용을 제공하고, 바로바로 피드백도 준다. 덕분에 교육의 개인화가 가능해졌다.

이는 단순한 기술이 하나 더 생기는 정도가 아니라, 교육을 바라보는 철학 자체가 바뀌고 있음을 뜻한다. 이제 교육은 '모두에게 같은 기회'를 주는 걸 넘어서, 각자 출발점이 다른 학생들이 저마다 성장할 수 있도록 돕는 쪽으로 가고 있다(OECD, 2021). OECD 보고서를 보면, AI 덕분에 학생 개개인에 맞춘 교육이 가능해진다고 한다. 모든 학생이 각자 능력을 키우되, 배우는 방법과 속도는 다를 수 있다는 얘기다. AI는 학생의 데이터를 분석한다. 이전 학습 기록, 반응 패턴, 선호도 같은 것들이다. 그래서 같은 성취 기준을 유지하면서도 학생마다 가장 적합한 학습 경로를 제시할 수 있다. 이것은 OECD(2021)

의 “The Future of Education and Skills 2030”에서 말한 것과 일맥상통한다. ‘공통 기준은 유지하되, 개인별 경로는 다르게 설계한다’는 방향이다. 쉽게 말하면, AI는 ‘모두에게 똑같은 출발선’을 제공하던 기존 방식에서 벗어나 ‘각자에게 공정한 학습 경로’를 열어주는 새로운 교육의 시대를 가능하게 한다.

개념과 등장 배경

개인화 학습은 학생의 특성, 흥미, 속도, 목표에 따라 학습 경험을 맞춰주는 교육 방식이다. 단순히 학습 속도만 조절하거나 수준별로 나누는 ‘개별화 학습’과는 다르다. 특히 AI 기반 개인화 학습은 학생이 스스로 목표를 정하고, AI가 이를 돕는 상호작용 구조를 전제로 한다(Bernacki et al., 2021). 이 개념은 산업화 시대의 표준화 교육이 학습의 다양성을 인정하지 못했다는 반성에서 나왔다.

개인화 학습은 1990년대 적응형 시스템 연구에서 시작했고, 학습 분석 기술이 발전하면서 본격화되었다. 최근 OECD 보고서를 보면, AI의 맞춤형 콘텐츠와 평가 가능성이 주목받는다. 교육의 본질적 목표인 ‘모든 학습자의 역량 향상’은 유지하면서도, 학습 경로나 속도, 형태는 다양하게 할 수 있는 기술적 토대를 제공한다는 점에서 의

미가 크다(OECD, 2023). 주정흔은 AI 기반 맞춤형 교육이 학생의 자기주도성과 몰입을 높이지만, 동시에 학습 과정을 감시하고 통제할 가능성도 있다고 지적했다. 개인화 학습은 기술적 혁신인 동시에, 교육 철학 자체의 변화를 요구하는 개념으로 자리 잡고 있다(주정흔, 2023).

기술적 메커니즘과 실제 사례

AI 기반 개인화 학습은 '데이터-피드백 루프'를 핵심 원리로 삼는다. 학생이 과제를 하면 AI는 반응 시간, 정답률, 오류 유형, 집중도 같은 데이터를 실시간으로 분석한다. 그리고 다음 단계 콘텐츠를 제시한다. 이런 방식으로 학생은 자기 수준에 맞게 과제를 하면서 조금씩 성장한다.

김상수 외(2022)는 AI 기반 학생 전 생애주기 관리 시스템을 제안하며, 개인화 학습이 단순한 학업 성취도 향상을 넘어 학생의 정서적 지원, 진로 탐색, 협업 경험 등 전인적 성장 영역까지 확장될 수 있음을 제시하였다. 이성현의 a-CODI 시스템은 학생의 인지 유형과 수행 데이터를 통합 분석한다. 그래서 학생에게 맞춤형 학습 모듈을 제공한다. 이것은 AI가 학습의 '보조자'에서 '설계자'로 확장된 대표 사례다(이성현, 2022). 채주혜는 AI 챗봇 기반 맞춤형 학습 플랫폼을 분석했다. 학생과 AI 간 대화형 피드백이 학습 지속률과 몰입도를 높인다는 것을 확인했다(채주혜 외, 2024). 미국의 러닝 매시아(Carnegie Learning 'MATHia')와 중국의 다람쥐 AI(Yixue 'Squirrel AI') 등은 학습자의 풀이 과정, 오답 및 반응 데이터를 분석하여 개인화된 피드백과 학습 경로를 제공하는 대표적인 적응형(Adaptive) 학습 시스템으로 언급된다(OECD, 2021; Cui et al., 2019).

논쟁점과 윤리적 쟁점

AI 기반 개인화 학습은 효율적이고 혁신적이지만, 동시에 심각한 윤리적 · 사회적 문제도 있다. 주요 쟁점 세 가지를 정리했다. 첫째, 데이터 편향 문제다. AI의 학습 데이터가 특정 계층이나 지역 중심이면, 알고리즘이 기존 불평등을 오히려 강화할 수 있다(Lampropoulos, 2025). 둘째, 학습의 사회적 고립이다. 주정흔은 AI 중심 학습이 개별 학생의 인지 발달에는 도움이 되지만, 또래와의 상호작용이나 협력 학습 기회를 줄일 수 있다고 지적했다(주정흔, 2023). 셋째, 교사 역할의 재정의다. AI가 지식 전달과 진단을 대신하면서, 교사는 데이터 해석자이자 학습 촉진자로 바뀌어야 한다(Bernacki et al., 2021). 결국 개인화 학습의 핵심은 '기계의 정밀함'과 '인간의 통찰'이 조화를 이루는 데 있다. 기술이 교사의 판단을 대체하는 게 아니라, 그 판단을 뒷받침할 때 교육의 질적 혁신이 가능하다.

미래 전망과 정책적 함의

AI 개인화 학습이 교육 본연의 가치를 잃지 않으려면, 반드시 사람을 중심에 두는 윤리적 설계가 뒷받침되어야 한다. 첫째, 인간중심 설계 원칙이 필요하다. OECD는 'AI in Education' 보고서에서 학습자 데이터를 투명하게 사용하고, 학부모 동의를 받고, 알고리즘을 설명할 수 있어야 한다고 강조했다. 둘째, 공공 기반 AI 학습 인프라 구축이 시급하다. 상용 플랫폼에만 의존하면, 교육 데이터가 민간 기업에 집중돼서 공공성이 훼손될 수 있다. 그래서 교육부와 KERIS 중심의 공공 AI 학습 플랫폼이 필요하다. 셋째, 포용적 개인화로 확장해야 한다. AI는 장애 학생, 다문화 학생, 저소득층 학생에게 맞춤형 학습을 제공할 수 있다. 이것은 교육의 '평등'이 아닌 '형평'을 실현하는 방향이다. 포용적 개인화가 필요하다(주정흔, 2023).

개인화 학습은 단순한 기술 발전이 아니다. 모두 같은 속도로 배워야 한다는 생각에서 벗어나, 각자 자기 속도대로 배울 수 있게 한다는 점에서 중요하다. AI는 데이터로 학생의 가능성을 세밀하게 비추지만, 그 빛을 어디로 향할지는 여전히 인간의 몫이다. 교사는 이제 지식을 전달하는 존재가 아니다. 학생의 가능성을 발견하고 성장으로 이끄는 동행자다. 결국 개인화 학습의 목적은 '효율적인 학습'이 아니라 '의미 있는 배움'이다. 기술이 아닌 사람을, 성취가 아닌 성장을 중심에 두는 교육. 그게 AI 시대에도 변하지 않는 교육의 길이다.

연구 노트

토론 질문

• 적용형: 당신이 교사라면, AI 기반 개인화 학습 시스템을 교실에 어떻게 적용하겠는가? 학습자의 다양성을 반영하면서도 공정성을 확보할 방법은 무엇일까?

• 비판형: 개인화 학습은 학습자의 자율성을 높이지만, 동시에 사회적 고립을 초래할 수 있다는 비판이 있다. 인간의 협력적 학습은 AI 시대에 어떤 방식으로 보완되어야 할까?

• 윤리형: AI가 학습 데이터를 분석해 맞춤형 피드백을 제공하는 과정에서, 개인정보 보호와 학습 효율성 사이의 균형은 어떻게 설정되어야 할까?

• 정책형: 공교육의 영역에서 개인화 학습이 실질적으로 구현되기 위해 국가 차원에서 우선적으로 마련해야 할 정책적 기반은 무엇일까?

• 미래 전망형: 향후 10년 후의 교실에서 개인화 학습은 어떤 형태로 자리 잡을까? 교사, 학생, AI의 관계는 지금과 어떻게 달라질 것이라 예상되는가?

성찰

AI가 교실의 풍경을 바꾸고 있지만, 결국 배움의 중심에는 '사람'이 있다. 개인화 학습은 기술로 학생을 구분하려는 시도가 아니라, 각자의 속도와 목소리를 존중하는 교육을 의미한다. 우리는 얼마나 '효율적인 학습자'를 길러왔는가, 혹은 얼마나 '행복하게 배우는 사람'을 길러왔는가를 돌아보게 된다. AI는 교사의 자리를 빼앗는 존재가 아니라, 더 깊은 관계와 이해를 위한 새로운 동반자가 될 수 있다.

핵심 용어

• 학습자의 개인화 학습(Personalized Learning): 학습자의 특성, 수준, 흥미, 목표에 맞추어 학습 경로와 속도를 조정하는 교육 방식. AI가 학습 데이터를 분석하여 맞

춤형 콘텐츠와 피드백을 제공함으로써 실현된다.

• 적응형 시스템(Adaptive System): 학습자의 반응과 수행 결과에 따라 콘텐츠의 난이도나 유형을 자동으로 조정하는 알고리즘 기반 시스템. 개인화 학습의 핵심 기술적 토대다.

• 데이터 편향(Data Bias): 학습한 데이터가 특정 집단이나 환경에 치우쳐 있을 때 발생하는 문제. 교육에서는 사회 · 경제적 배경이나 지역 격차를 왜곡할 가능성이 있다.

• AI 튜터(AI Tutor): 학습자의 질문을 분석하고, 오답 원인을 파악하며, 추가 피드백을 제공하는 인공지능 기반 학습 도우미. 단순한 '답변 제공자'가 아니라 학습 파트너로 기능한다.

• 포용적 개인화(Inclusive Personalization): 다양성을 존중하고, 장애 · 언어 · 문화적 배경 등으로 인한 교육 격차를 줄이기 위한 AI 기반 맞춤형 지원 접근법. 교육의 공공성과 형평성을 강화한다.

요약

1장에서는 "AI는 교육의 인간성을 확장할 수 있는가?"라는 질문을 던진다. 기술의 진보보다 중요한 것은 배움의

의미를 다시 설계하는 일, 그리고 그것을 함께 사유할 인간중심의 교육 철학이다

참고문헌

김상수 외(2022). "AI 기반 학생 전 생애주기 관리와 개인화 맞춤형 교육 지원 시스템". 《2022년도 한국정보기술학회 하계종합학술대회 및 대학생논문경진대회》, 93~94쪽.

이성현(2022). "인공지능 기반의 학습형 맞춤형 교육 시스템 a-CODI". 《한국지능정보시스템학회 학술대회논문집》, 88~95쪽.

주정흔(2023). "인공지능 기반 맞춤형 교육의 실제와 쟁점". 《교육비평》, 52, 23~63쪽.

채주혜 외(2024). "개별화 맞춤형 학습을 지원하는 AI 챗봇 기반 플랫폼 분석". 《디지털콘텐츠학회논문지》, 25(4), 1053~1068쪽.

Bernacki, M. L. et al.(2021). A systematic review of research on personalized learning. *Educational Psychology Review, 33*(4), pp.1675~1715.

Cui, W. et al.(2019). Performance comparison of an AI-based adaptive learning system (Yixue Squirrel AI) with traditional instruction (arXiv:1901.10268).

Lampropoulos, G.(2025). Social Robots in Education: Current Trends and Future Perspectives. *Information, 16*(1), 29. https://doi.org/10.3390/info16010029

OECD(2021). OECD Digital Education Outlook 2021: Pushing the frontiers with artificial intelligence, blockchain and robots. OECD Publishing. OECD.

https://www.oecd.org/content/dam/oecd/en/publications/reports/2021/06/oecd-digital-education-outlook-2021_0f1487d9/589b283f-en.pdf

02
지능형 튜터링 시스템

교사의 수는 한정되어 있고, 학생의 필요는 시시각각 다르다. AI를 쓴 지능형 튜터링 시스템은 이런 현실적 제약을 넘어선다. 학생 한 명 한 명에게 맞춤형 피드백과 대화형 학습을 제공한다. ITS는 단순히 문제의 정답을 알려주는 프로그램이 아니다. 오답의 이유를 분석하고 사고 과정을 확장시키는 '소크라테스식 문답 파트너'로 진화하고 있다. OECD는 AI 튜터링 시스템을 주목한다. 학생의 사고 구조를 시각화하고 개별 학습 경로를 조정해서, 학습 효율성과 지속성을 함께 높이는 핵심 기술로 본다(OECD, 2023).

노래하는 AI 보컬?

개념과 등장 배경

지능형 튜터링 시스템(ITS)은 학생의 반응을 실시간으로 분석하여, 개별 맞춤형 피드백과 학습을 지원하는 AI 기반 교육 시스템을 말한다. 1970년대 초반, 미국 카네기멜론대학교에서 초기 ITS 연구가 시작됐다. '기계가 인간 교사의 사고 과정을 모방할 수 있을까?'라는 질문에서 출발했다. 당시 ITS는 단순한 규칙 기반 모델에 머물렀다. 하지만 머신러닝과 자연어 처리 기술이 발전하면서, 학생의 사고 패턴을 이해하고 대화형으로 응답하는 단계로 발전했다(Bloom, 1984; VanLehn, 2011).

최근에는 대형 언어 모델을 활용한 대화형 ITS가 등장했다. ChatGPT-Tutor, Khanmigo 같은 것들이다. 학생의 언어적 입력을 정교하게 분석하고 개념적 오해까지 진단할 수 있게 됐다. 김상수 외(2022)는 AI 기반 학생 전 생애주기 관리 시스템을 제안하며, 개인화 학습이 단순한 학업 성취도 향상을 넘어 학생의 정서적 지원, 진로 탐색, 협업 경험 등 전인적 성장 영역까지 확장될 수 있음을 제시하였다. 필자도 2023~2024년 대안학교 중고등학생들을 대상으로 AI 기반 튜터링 프로젝트 수업을 진행했다. 시스템으로 구조화된 형식이 아니라 ChatGPT의 챗봇을 수업 과정에 활용했다. 이 과정을 통해 기본적인 LLM 지식과 기술이 있는 교사라면, AI 튜터와 청소년의 상호작용을 학습 과정에 활용할 수 있다는 걸 확인했다(김세광 · 석종옥, 2024).

작동 원리와 대표 사례

ITS(지능형 튜터링 시스템)는 학습자의 현재 이해 수준을 수행 데이터로 추론해(예: 풀이 과정, 오답 유형, 반응 시간) 그에 맞는 피드백과 다음 학습 활동을 적응적으로 제공하는 시스템이다. ITS의 전통적 구조는 크게 네 가지 구성 요소로 설명된다. 첫째, 도메인(전문가) 모델은 과목의 지식 · 기술 · 문제 해결 규칙을 표현한다. 둘째, 학생 모델은 학습자의 지식 상태와 오류/오개념, 학습 과정에서 관찰되는 인지 · 정서 · 동기 상태 등을 추정해 지속적으로 갱신한다. 셋째, 교수(튜터링) 모델은 학생 모델과 도메인 모델을 입력으로 받아 어떤 힌트 · 질문 · 설명 · 다음 과제를 제시할지 결정한다. 넷째, 인터페이스 모델은 학습자 입력(클릭, 타이핑, 발화 등)을 해석하고 텍스트 · 그래프 · 애니메이션 · 대화 에이전트 등 다양한 방식으로 피드백을 출력한다(Pavlik Jr. et al., 2013; Keleş et al., 2009). 예를 들어 AutoTutor와 iSTART는 대화형 에이전트를 활용해 학습자의 질문과 설명 구성 과정을 촉진하고, 깊이 있는 이해 전략(탐구, 메타인지, 자기 설명 등)을 단계적으로 지원하는 ITS 계열 시스템으로 보고되었다(Graesser et al., 2005).

예를 들어, 카네기러닝의 매시아는 학생이 수학 문제를 풀 때 사고 경로를 추적한다. 그래서 오답의 원인을 구체적으로 피드백한다. 칸 아카데미의 칸미고는 GPT-4 기반 대화형 튜터다. 학생의 질문에 즉각 맞춤형 설명과 추가 문제를 제시한다. 국내에서는 EBS AI 튜터, 클래스123, 뤼이드 튜터가 대표적이다. 뤼이드의 알고리즘은 학생의 문제 풀이 기록을 기반으로 100만 건 이상의 학습 패턴을 분석한다. 그래서 맞춤 피드백을 생성한다(채주혜 외, 2024). 뤼이드 튜터는 AI 기반 맞춤형 학습 솔루션이다. 특히 '산타'(구 산타토익)가 가장 유명하다. AI가 사용자의 문제 풀이 데이터를 실시간으로 분석한다. 그래서 현재 점수를 예측하고, 점수 향상에 가장 필요한 학습 경로와 문제를 골라서 제공한다(https://riiid.co/).

김세광은 'ChatGPT를 활용한 청소년 지도 사례 연구'에서 청소년들이 ChatGPT를 이용해 자신의 생각을 구조화하고, 주제에 대한 깊이 있는 이해를 돕는 도구로 활용하는 과정을 확인했다(김세광 · 권일남, 2023). 'AI를 활용한 지역 사회 청소년 활동 적용 사례'에서는 AI 기술이 청소년들의 기술 수용성과 학습 동기를 높였다. 감성적 이해와 창의적 표현력, 사회적 책임감과 문제 해결 능력도 증진됐다. AI 기반 활동은 청소년들이 지역 사회 문제를 창의적으로 해결하고 사회적 의식을 확대하는 데 기여했다(김세광, 2024). 필자의 2년간 연구는 AI 기술이 청소년의 개별 학습(생각 구조화, 심층 이해)을 돕는 인지적 도구를 넘어선다는 걸 보여 줬다. 창의성, 사회적 책임감, 지역 사회 문제 해결 능력까지 함양하는 통합적 교육 매체로 기능할 수 있다.

교육적 효과와 한계

지능형 튜터링 시스템의 가장 큰 강점은 '즉각적 피드백'과 '지속적 학습 지원'이다. 블룸(Bloom, 1984)은 1:1 개별 교수가 전통적인 집단 수업보다 평균 2표준 편차 이상 높은 성취 효과를 보인다고 밝혔다. ITS는 이런 효과를 기술적으로 재현하려는 시도다. 주정흔(2023)은 ITS가 학생의 몰입도와 자기주도성을 향상시킨다고 분석했다. 교사의 업무 부담도 줄여준다.

한계도 분명하다. 첫째, 정서적 피드백이 부족하다. 램프로파울로스는 소셜 로봇을 통한 감정 인식형 ITS가 개발되고 있지만, 여전히 인간 교사의 공감 능력을 완전히 대체하기는 어렵다고 지적했다(Lampropoulos, 2025). 둘째, 데이터 편향 문제다. 학습 이력 중심 알고리즘은 특정 집단의 학습 패턴에 지나치게 맞춰질 위험이 있다. 셋째, 과도한 기술 의존이다. AI 튜터는 학습 과정의 질적 맥락을 해석하지 못한다. 그래서 교사의 판단과 통합적 지도가 여전히 필요하다(OECD, 2023).

미래 전망과 정책적 함의

지능형 튜터링 시스템은 앞으로 교육 현장에서 '보조 교사'와 같은 역할을 하게 될 것이다. UNESCO(2019)는 ITS를 '교사의 확장된 손'으로 정의한다. AI가 교사의 역할을 대체하는 게 아니라 보완해야 한다고 강조한다. 미래 교실에서는 교사가 인간적 해석과 정서적 지원에 집중하고, AI 튜터가 개별 피드백과 진단을 담당하는 하이브리드 교수 구조가 보편화될 것이다.

UNESCO(2019)는 인공지능 기반 도구(예: 지능형 튜터링 시스템)가 학습을 지원하는 방식으로 활용될 수 있으며, 특히 학습자 지원과 교수·학습 과정의 개선에서 교사를 보조할 수 있음을 논의한다. 다만 UNESCO는 교사의 역할이 기술로 대체되기보다, 교사의 전문적 판단과 인간적 상호작용을 중심에 두고 AI를 보완적으로 활용해야 한다는 원칙을 강조해 왔다(UNESCO, 2025). 따라서 향후 교실에서는 교사가 해석 · 관계 · 정서적 지원 등 인간 중심의 교육 기능에 더 집중하고, AI 튜터가 학습 진단과 개별 피드백을 보조하는 혼합형(하이브리드) 수업 구조가 확대될 가능성이 크다.

정책적으로는 세 가지가 핵심이다. ① 공공 AI 튜터 플랫폼 구축: 민간 기업 중심의 기술 독점을 막고, 학습 데이터의 공정한 활용을 위한 표준화가 필요하다. ② 교사 역량 재교육: AI 데이터를 해석하고 수업에 반영할 수 있는 'AI 교육 리터러시' 훈련을 강화해야 한다. ③ 윤리 · 프라이버시 거버넌스: 학생의 대화 데이터가 평가나 입시에 쓰이지 않도록 제도적 안전망을 확보해야 한다.

그래서 ITS의 미래는 기술이 얼마나 정교한가보다 교사의 통찰력과 얼마나 잘 협력하느냐에 달렸다. AI가 질문을 제공하면, 교사가 그 의미를 해석한다. 그리고 다시 학생과의 관계 속에서 배움이 일어난다.

연구 노트

토론 질문

• 적용형: AI 튜터가 학생의 오답 원인을 분석하고 개별

피드백을 제공하는 상황에서, 교사는 어떤 방식으로 그 결과를 해석하고 수업에 반영해야 할까?

• 비판형: 인공지능 튜터는 피로하지 않고 편향되지 않지만, 인간 교사는 공감하고 맥락을 읽는다. 교육의 미래에서 '정확성'과 '공감성' 중 어느 가치가 더 중요하며, 그 균형은 어떻게 유지될 수 있을까?

• 윤리형: 학생이 AI 튜터와 나눈 대화 데이터가 학습 평가나 입시 자료로 활용되는 것은 정당한가? 학습 지원과 데이터 윤리의 경계는 어디에 놓아야 할까?

• 정책형: 공교육 현장에서 AI 튜터링 시스템이 안정적으로 운영되기 위해 정부와 교육청은 어떤 제도적 안전망을 먼저 마련해야 할까?

• 미래 전망형: 10년 후, 교실 안에서 AI 튜터와 인간 교사는 어떤 방식으로 협력하고 있을까? '보조 교사(co-teacher)'로서의 AI는 인간 교사의 전문성을 강화시킬까, 약화시킬까?

성찰

AI 튜터는 지식을 가르친다. 하지만 교사는 배움을 깨닫게 한다. 기계는 데이터로 학생의 수준을 파악할 수 있다. 하지만 학생의 불안이나 열망을 읽는 건 인간의 영역이다. AI가 질문을 던지고, 교사가 그 질문에 담긴 의미를 해석하는 교실. 그게 미래의 학습 현장일 것이다. 지능형 튜터링 시스템의 진짜 목표는 교사를 대체하는 게 아니다. 교사와 함께 '배움의 온도'를 높이는 것이다. 기술이 아니라 사람, 정보가 아니라 관계에서 시작하는 교육. 그게 AI 시대에도 변하지 않는 배움의 본질이다.

핵심 용어

• 지능형 튜터링 시스템(Intelligent Tutoring System, ITS): 인공지능을 활용해 학습자의 반응과 오류 패턴을 실시간 분석하고, 맞춤형 피드백과 학습 지원을 제공하는 시스템. 인간 교사의 피드백 구조를 모방하며, 학습자의 이해도를 추적하여 학습 경로를 자동 조정한다.

• 학생 모델(Student Model): ITS의 핵심 구성 요소로, 학습자의 지식 상태 · 오류 유형 · 학습 속도 · 선호도를 지속적으로 업데이트하는 데이터 구조. 개인화된 학습 피드백의 기초가 된다.

• 교수 모델(Tutor Model): 학습 목표, 난이도, 피드백 방식을 결정하는 알고리즘 모듈. 인간 교사의 '수업 전략'을 AI가 자동화한 형태다.

• 소크라테스식 문답법(Socratic Dialogue): 정답을 직

접 제시하기보다 질문을 통해 학습자가 스스로 사고하고 개념을 재구성하도록 돕는 교수법. 최신 ITS는 이를 대화형 알고리즘으로 구현해 사고 확장형 학습을 유도한다.

• 감정 인식 튜터(Affective Tutoring System): 학습자의 표정, 음성, 생체 신호를 분석해 정서 상태를 파악하고, 격려 · 휴식 · 피드백을 조정하는 차세대 AI 튜터. 정서적 몰입과 학습 지속성을 높이기 위한 연구가 활발히 진행 중이다.

요약

2장 '지능형 튜터링 시스템'은 기술이 아니라 사람의 이해를 확장하는 도구다. AI가 교사의 손과 눈이 되어 주는 시대, 교육의 핵심은 여전히 '관계'에 있다. 배움의 길 위에서 교사와 AI가 함께 걷는다면, 교실은 더 따뜻하면서도 더 정밀한 공간이 될 것이다.

참고문헌

김상수 외(2022). "AI 기반 학생 전 생애주기 관리와 개인화 맞춤형 교육 지원 시스템". 《2022년도 한국정보기술학회 하계종합학술대회 및 대학생논문경진대회》, 93~94쪽.

김세광·권일남(2023). "ChatGPT를 활용한 청소년 지도 사례연구:

청소년 주제탐구 프로젝트를 중심으로". 《한국청소년활동연구》, 9(2), 23~44쪽.

김세광·석종옥(2024). "AI를 활용한 지역사회 청소년활동 적용사례". 《한국청소년활동연구》, 10(2), 95~114쪽.

뤼이드 기업 공식 홈페이지. https://riiid.co/

주정흔(2023). "인공지능 기반 맞춤형 교육의 실제와 쟁점". 《교육비평》, 52, 23~63쪽.

채주혜 외(2024). "개별화 맞춤형 학습을 지원하는 AI 챗봇 기반 플랫폼 분석". 《디지털콘텐츠학회논문지》, 25(4), 1053~1068쪽.

Bloom, B. S.(1984). The 2 sigma problem: The search for methods of group instruction as effective as one-to-one tutoring. *Educational Researcher, 13*(6), pp.4~16. https://doi.org/10.3102/0013189X013006004

Graesser, A. et al.(2005). Scaffolding Deep Comprehension Strategies Through Point&Query, AutoTutor, and iSTART. *Educational Psychologist, 40*(4), pp.225~234.

Keleş, A., et al.(2009). ZOSMAT: Web-based intelligent tutoring system for teaching-learning process. *Expert Systems with Applications, 36*(10), pp.12257~12266. ScienceDirect.

Lampropoulos, G.(2025). Social Robots in Education: Current Trends and Future Perspectives. *Information, 16*(1), 29. https://doi.org/10.3390/info16010029

Pavlik Jr., et al.(2013). A review of student models used in intelligent tutoring systems. In Design Recommendations for Intelligent Tutoring Systems – Volume 1: Learner Modeling. bpb-us-w2.wpmucdn.com

UNESCO(2019). Artificial intelligence in education: Challenges and opportunities for sustainable development. UNESCO.

unesdoc.unesco.org+1

UNESCO(2025.9.16). Teachers cannot be coded. UNESCO.

UNESCO(2025.2.20). What you need to know about UNESCO's new AI competency frameworks for students and teachers. UNESCO.

VanLehn, K.(2011). The Relative Effectiveness of Human Tutoring, Intelligent Tutoring Systems, and Other Tutoring Systems. *Educational Psychologist, 46*(4), pp.197~221. https://doi.org/10.1080/00461520.2011.611369

03
적응형 평가

학교의 시험은 오랫동안 학습의 '결과'를 보여주는 도구였다. 그러나 그 점수가 학생의 성장 과정이나 잠재력을 담아내기에는 너무 얇고, 너무 정적이었다. AI 기술의 발전은 평가를 단 한 번의 채점이 아닌 학습의 여정 속 지속적인 관찰로 바꾸고 있다. AI 기반 적응형 평가(Adaptive Assessment)는 학생의 응답에 따라 문항 난이도와 형태를 실시간으로 조정하여, 개인의 학습 수준과 인지 패턴을 정밀하게 분석한다. 평가의 결과보다 피드백의 과정을 중시하는 교육을 실현할 수 있게 한다.

인공지능과 편향?

개념과 등장 배경

적응형 평가는 학생의 능력과 반응에 따라 문항의 난이도, 유형, 순서를 자동으로 조절하는 방식이다. 이는 AI 기술이 평가의 본질을 어떻게 바꾸고 있는지를 보여 주는 대표적인 사례라 할 수 있다. 이 개념은 1970년대 컴퓨터화 검사(Computerized Testing)에서 출발했으나, 오늘날에는 인공지능 알고리즘을 활용하는 지능형 적응형 평가(Intelligent Adaptive Assessment)로 발전했다. 기존의 일률적 평가가 평균의 기준을 따랐다면, 적응형 평가는 '각자의 성장 곡선'을 읽는 평가로 진화한 것이다.

방준성은 이러한 변화를 "형평성과 공정성의 새로운 균형을 모색하는 평가 패러다임"으로 설명하며, AI 알고리즘이 학습자의 오류 패턴 · 문항 소요 시간 · 선호 유형을 기반으로 평가를 맞춤화할 수 있음을 강조했다(방준성 · 이상민, 2024). 국내 교육 현장에서는 초 · 중등학교의 EBS AI 학습 진단 시스템, 대학의 스마트 LMS 기반 진단 평가(김수영 외, 2023)가 대표적 사례로, 학생의 이해 수준을 실시간 파악하고 학습 처방까지 연계하는 통합형 평가 체계로 발전 중이다.

기술적 원리와 실제 운영 사례

AI 기반 적응형 평가의 핵심은 '데이터 피드백 루프(Data Feedback Loop)'다. 학생이 문제를 풀면 시스템은 정답 여부, 응답 시간, 선택 문항의 유형을 분석하여 학습자의 능력치를 추정하고 다음 문항의 난이도를 결정한다. 이 과정은 반복되며, 학습자별로 서로 다른 문제 순서가 제시된다(Weiss, 2011). AI는 단순히 '얼마나 맞혔는가'를 넘어, '어떻게 사고했는가'를 분석한다. 예를 들어, Duolingo English Test(듀오링고 영어 테스트)는 문항 응답 패턴뿐 아니라 언어 사용 빈도 · 문법 오류 유형까지 분석하여 능력 점수를 계산한다. 국내의 KERIS AI 디지털 교과서 평가 모듈은 학습자의 선택 경향과 문제 해결 시간 데이터를 기반으로 '개념 이해도 그래프'를 생성한다. 이런 평가는 단순한 진단이 아니라, "데이터로 읽는 학습의 맥락"이라 할 수 있다

논쟁점과 윤리적 쟁점

AI 평가의 미래는 기술 그 자체보다 평가 결과를 어떻게 해석하고 활용하느냐에 달려 있다. 단순한 정확도와 효율성을 넘어, 학습자의 이해 과정과 맥락적 의미를 중심에 두는 평가 관점이 요구된다. 특히 첫째로 고려해야 할

쟁점은 측정의 왜곡(algorithmic or measurement bias) 문제다. AI 기반 평가는 대규모 학습 데이터와 알고리즘을 통해 학습자의 성취를 추정하지만, 문항 설계 방식이나 응답 데이터가 특정 사회 · 문화적 배경의 학습자에게 유리하게 작동할 경우 평가 결과가 체계적으로 편향될 위험이 있다. OECD는 이러한 알고리즘 기반 평가가 공정성과 형평성을 훼손하지 않도록 설계 · 운영 단계에서 지속적인 검증과 해석적 판단이 필요하다고 지적한다(OECD, 2023). 예를 들어, 텍스트 기반 문제를 중심으로 학습한 모델은 언어 표현력이 높은 학생을 과대평가할 가능성이 있다. 이는 데이터의 문제가 아니라 '측정 설계의 공정성' 문제로 이어진다.

둘째, 판단의 단일화(Monotonic Judgment)다. AI 시스템은 하나의 수치로 학생의 성취를 요약하지만, 실제 학습은 인지적 · 정서적 · 사회적 요인이 복합적으로 작용하는 과정이다. AI는 정답률을 분석할 수 있지만, 배움의 깊이나 의미의 전환은 수치화하지 못한다. 그래서 교사는 AI가 산출한 결과를 그대로 '평가의 결론'으로 받아들이기보다 그 데이터를 '대화의 출발점'으로 활용해야 한다.

셋째, 책임의 모호성(Responsibility Gap) 문제다. AI

평가의 결과가 학습자의 진로 결정이나 성적 산출에 사용될 경우, 오판의 책임이 누구에게 있는가 하는 문제가 발생한다. 김수영은 "AI 진단 결과는 교사의 해석과 결합될 때만 교육적 의미를 갖는다"고 강조하며, 평가 과정에서 교사는 '결정자(decision-maker)'로서의 최종 책임을 포기해서는 안 된다고 지적했다. 결국 AI는 '평가의 도구'이지 '판단의 주체'가 되어서는 안 된다(김수영 외, 2023).

미래 전망과 정책적 함의

AI 기반 평가 기술은 더 이상 '정답을 맞히는 시험'이 아니라, 학습자의 성장 여정을 기록하는 파트너로 진화하고 있다. 미래의 평가는 인간의 가능성을 수량화하는 과정이 아니라 배움의 리듬과 맥락을 읽어내는 기술이 될 것이다. 첫째, 생성형 AI를 활용한 적응형 평가의 확장이다. 리(Li) 등은 생성형 AI가 학습자의 응답을 실시간으로 분석하고, 그 결과를 바탕으로 다음 문항을 자동 생성하는 '대화형 적응형 평가 모델'을 제안했다. 평가와 학습이 단절된 별개의 과정이 아니라 "진단과 성장의 순환 구조" 안에서 작동해야 한다는 관점을 보여 준다. AI가 단순히 문항을 제시하는 것이 아니라 학습자의 사고 과정을 이해하고, 오답의 이유를 함께 탐색하는 피드백 파트너로 발전하고 있는 것이다(Li et al., 2024).

둘째, 윤리적 통합 프레임워크의 제도화다. 클른치(Kılınç)는 Comprehensive AI Assessment Framework(CAIAF)를 제시하며, AI 평가의 설계 · 운영 · 해석 전 과정에서 투명성, 책임성, 윤리성을 보장할 수 있는 구조를 마련해야 한다고 강조했다(Kilinç, 2024). AI가 평가의 '판단자'가 아니라, 교사 · 학생 · 제도의 공동 참여 주체가 되어야 한다는 인식 전환을 보여 준다.

셋째, 정서 · 창의성 중심 평가로의 전환이다. 린과 첸(Lin & Chen)은 AI 통합형 교육 애플리케이션을 활용한 연구에서, AI가 학습자의 창의성과 정서적 몰입을 촉진할 수 있음을 실증했다(Lin & Chen, 2024). 평가가 단순히 지식의 습득 여부를 측정하는 과정이 아니라, 학습자의 감정 · 동기 · 자기 인식까지 포괄하는 '전인적 진단(Holistic Evaluation)'으로 확장되어야 함을 시사한다.

넷째, 정책적 실행 과제다.

• 공공 AI 평가 인프라 구축: 민간 기업 중심의 기술 독점을 방지하고, 국가 단위의 오픈소스 기반 평가 플랫폼을 마련해야 한다.

• 평가 해석 역량 강화: 교사와 평가 설계자가 데이터

분석 결과를 맥락적으로 해석할 수 있도록 'AI 기반 평가 리터러시' 교육과정이 필수화되어야 한다.

• 인지 역량 평가 지표 개발: 창의성, 협력, 정서 조절 등 인지 이외의 역량을 포괄하는 다차원적 평가 모델이 필요하다.

• 윤리 · 투명성 거버넌스 구축: 평가 알고리즘의 적합성, 데이터 활용의 책임 주체, 결과의 공개 기준을 명문화해야 한다.

AI 평가의 미래는 기술이 아닌 해석의 철학에 달려 있다. 정확함이 아니라 이해, 효율이 아니라 의미로 나아가는 평가. 그것이 인공지능 시대에 교육이 다시 사람을 향하도록 만드는 가장 근본적인 변화다.

연구 노트

토론 질문

• 적용형: AI 기반 평가가 교실에서 활용될 때, 교사는 어떻게 학생의 정서나 창의적 반응을 함께 읽어낼 수 있을까? AI가 제시한 데이터 외에 교사가 반드시 고려해야 할 요소는 무엇일까?

• 비판형: 인공지능은 정답을 빠르게 계산하지만, 인간은 '의미'를 천천히 해석한다. 평가의 본질은 정확성일까, 해석일까?

• 윤리형: 생성형 AI가 학생의 답변을 자동 생성하거나 수정해 주는 상황에서, 평가의 주체와 결과의 신뢰성은 어떻게 구분될 수 있을까?

• 정책형: 정서 · 창의성 · 비인지 역량까지 평가하는 AI 시스템이 등장할 때, 국가 차원에서는 어떤 윤리적 기준과 감독 체계가 마련되어야 할까?

• 미래 전망형: 앞으로의 평가는 '시험'을 치르는 행위가 아니라, '데이터와 함께 성장하는 여정'이 될 수도 있다. 그렇다면 평가가 교실 속 학습 경험을 어떻게 재구성할 수 있을까?

성찰

평가란 결국 한 사람을 이해하려는 시도다. AI는 학생의 응답을 분석할 수 있지만, 그 응답에 담긴 망설임과 의도를 읽는 일은 여전히 인간의 몫이다. 기계가 측정한 결과보다, 교사가 느끼는 '이 학생은 성장하고 있다'는 직관이 더 진실할 때가 있다. 그래서 미래의 평가는 '정답을 찾아내는 시험'이 아니라 '이해를 쌓아가는 대화'가 되어야 한다.

핵심 용어

• 적응형 평가(Adaptive Assessment): 인공지능이 학습자의 응답을 분석해 난이도 · 유형 · 피드백을 실시간으로 조정하는 평가 방식. 지식 수준뿐 아니라 사고 패턴과 학습 전략을 함께 진단한다.

• 생성형 AI 평가(Generative AI Assessment): 생성형 인공지능을 활용해 학습자의 응답을 분석 · 요약하거나 새로운 문항을 자동 생성하는 평가 모델. 평가와 학습을 연속된 피드백 구조로 통합한다.

• 윤리적 평가 프레임워크(Ethical AI Assessment Framework): AI 평가의 설계 · 운영 · 활용 단계에서 투명성, 데이터 보호, 책임성, 공정성을 보장하는 제도적 기준. 평가 결과의 해석 권한을 인간중심으로 재배치한다.

• 비인지 역량(Non-Cognitive Competence): 인지적 지식 외에 학습자의 정서, 동기, 협력, 창의성 등 학습 과정에 영향을 미치는 내적 역량.

• AI 평가 리터러시(AI Assessment Literacy): 교사 · 평가 설계자가 AI의 평가 원리를 이해하고, 그 데이터를 교육적 맥락 속에서 해석 · 활용할 수 있는 역량. 기술 해석

능력과 교육적 판단력을 결합한 새로운 전문성이다.

요약

3장 AI 평가는 기술의 진화가 아니라 교육의 언어를 다시 배우는 과정이다. 데이터가 보여 주는 것은 수치이지만, 그 수치 뒤에 숨은 학생의 가능성, 감정, 창의성을 발견하는 일－그것이 인공지능 시대에도 여전히 교사만이 할 수 있는 가장 인간적인 평가다.

참고문헌

김수영 외(2023). “AI 기반 적응형 학습에 대한 인식 및 요구 분석: A대학 사례를 중심으로”. 《교육연구논총》, 44(1), 107~139쪽. https://doi.org/10.18612/cnujes.2023.44.1.107

방준성·이상민(2024). “인공지능 기반 학습자 맞춤형 교육을 위한 형평성과 편향성 연구”. 《멀티미디어 언어교육》, 27(4), 70~86쪽. https://ksp.etri.re.kr/ksp/article/file/70378.pdf

Kılınç, S.(2024). Comprehensive AI Assessment Framework: Enhancing educational evaluation with ethical AI integration. *Journal of Educational Technology & Online Learning, 7*(4), pp.521~540. https://files.eric.ed.gov/fulltext/EJ1457302.pdf

Li, H. et al.(2024). Bringing Generative AI to Adaptive Learning in Education. arXiv preprint arXiv:2402.14601. https://arxiv.org/abs/2402.14601

Lin, H. & Chen, Q.(2024). Artificial intelligence-integrated

educational applications and college students' creativity and academic emotions. *BMC Psychology, 12*, 487. https://doi.org/10.1186/s40359-024-01979-0
OECD.(2023). OECD Digital Education Outlook 2023: Towards an effective digital education ecosystem. OECD Publishing. https://doi.org/10.1787/c74f03de-en
Weiss, D. J.(2011). Better data from better measurements using computerized adaptive testing. *Journal of Methods and Measurement in the Social Sciences, 2*(1), pp.1~27. https://doi.org/10.2458/azu_jmmss.v2i1.12351
Williamson, B. & Piattoeva, N.(2022). Education governance and datafication. Oxford Research Encyclopedia of Education. https://doi.org/10.1093/acrefore/9780190264093.013.1743

04
학습 분석학

우리는 지금 급격한 인구 감소와 AI 기술의 발전이라는 두 가지 거대한 변화에 직면해 있다. 이런 상황에서 교육의 질과 효율성을 높이기 위해 '학습 분석학'을 도입하는 것은 피할 수 없는 흐름이 되었다. 학습 분석학이란 학생들의 방대한 학습 데이터를 모으고 분석하여, 교육 현장의 의사 결정을 돕고 학생 개개인의 성장을 촉진하는 방법이다. 결국 이런 흐름은 교사의 역할이 근본적으로 바뀌어야 함을 의미한다. 교사는 이제 교육의 본질적 가치를 지키면서, 새로운 학습 생태계를 주도적으로 설계하는 '실천가'가 되어야 한다.

청각장애인과 AI?

학습 분석학의 개념과 데이터 수집 체계

학습 분석학은 학생이 공부하면서 남기는 여러 데이터를 모아서 분석하고, 여기서 교육에 도움이 되는 통찰을 찾아낸다. 학습관리시스템(LMS) 로그, 클릭스트림 데이터, 수행 평가 결과, 학습 시간 배분, 참여도 등 다양한 지표가 실시간으로 수집된다. 이 데이터를 활용하면 학생의 학습 행동 패턴을 추적할 수 있고, 어떤 행동이 성과에 영향을 주는지 파악할 수 있다. 나아가 어려움을 겪는 학생을 미리 발견해 필요한 도움을 줄 수도 있다(오새내 · 김효정, 2023).

AI 기반 학습 분석 도구는 학생 성과를 예측하고 교사에게 실행 가능한 통찰을 제공한다. 교사는 이를 바탕으로 학습 개입 시기와 방법을 결정한다. 예를 들어 LMS 로그 분석을 통해 특정 학생이 이해 부진을 겪는지, 누가 추가 도전이 필요한지를 발견할 수 있다. 이런 데이터 기반 접근은 객관적 근거에 기반한 교수 전략을 가능하게 한다. 교사가 개별 학습자에게 맞춤 지원을 제공하는 데도 중요한 역할을 한다.

학습 분석학은 AI 이론과 데이터 과학에 뿌리를 두고 있다. 프로그래밍 기초, 데이터 구조, 데이터 과학 개론, 기계 학습 같은 분야가 핵심이다(이서교 외, 2024). 이런

AI 기반 시스템은 '지능의 확장(intelligence amplification)'이라는 이론적 기반을 중심으로 발전한다. 교사의 한계를 보완하고 학습자 맞춤형 교육을 실현하도록 지원한다는 개념이다(Luckin et al., 2016). 데이터가 포착하는 것은 학습 행동의 '결과'일 뿐이다. 학습자의 내적 동기, 정서적 맥락, 사회 문화적 배경까지 온전히 담아내지는 못한다. 학습 분석학은 교사의 교육적 판단을 대체하는 도구가 아니다. 교사의 전문성을 강화하는 보완적 수단으로 이해되어야 한다.

학습 분석 시스템의 교육적 활용

AI 플랫폼은 학생의 성취를 판단하고 개별 학습 경로를 제안한다. 이는 교사의 수업 설계와 평가 방식을 바꾼다. 특히 평가를 학습 과정 속에 통합할 수 있게 해 준다. AI는 학습에서 발생하는 상황을 바탕으로 문제를 제공하고 평가함으로써 자연스럽게 과정 중심의 평가를 할 수 있도록 지원한다. 이를 기반으로 학생들의 학습 위계를 분석하면 부족한 부분을 정확하게 진단하고 맞춤형 클리닉을 제공할 수 있다(이강주 외, 2025).

학습 분석학 기반의 AI 교육적 활용은 학생들의 역량 강화에 실증적인 효과를 가져오는 것으로 나타난다. AI

기반 교육을 경험한 학생들은 컴퓨팅 사고력, 창의적 문제 해결력, 의사소통 능력, 협업 능력 등 다양한 역량이 향상됨을 확인했다. AI 융합 교육은 학생들의 AI 윤리 의식에도 긍정적인 영향을 준다. 특정 교과의 개념이나 인공지능 자체에 대한 학습 동기를 유발하여 학생의 자기효능감과 학습 이해도를 높이는 효과도 보고되었다(성경희 · 박은아, 2024). AI는 교사의 업무 효율성 증진에도 기여한다. 교육 현장에서는 AI가 교사의 행정 업무 자동화를 지원하여 업무 부담을 줄여준다는 인식이 있다. 수업 보조 교사 또는 스마트 튜터로서의 역할을 수행하여 교육 접근성 유지에도 기여할 수 있다. 이런 보조적 기능은 교사가 지식 전달자의 역할에서 벗어날 수 있는 환경을 조성한다. 학생의 개별성과 맥락을 고려한 인간 중심적 교육에 집중할 수 있게 된다(김홍겸 외, 2018).

데이터 해석 역량과 교사의 역할

데이터는 그 자체로는 별 의미가 없다. 교사가 그것을 해석하고 판단해야 교육적으로 의미 있는 정보가 된다. 교사는 데이터 분석가로서 AI가 제공하는 정량적 데이터를 학생의 학습 맥락, 정서 상태, 사회적 관계 등 질적 정보와 통합하여 해석한다. AI는 특정 학생이 수학 문제 풀이에 어려움을 겪는다는 데이터를 제시할 수 있다. 그 원인이 개념 이해 부족인지, 시험 불안인지, 가정환경의 문제인지를 판단하는 것은 교사의 종합적 판단이 필요하다(이강주 외, 2025). 이는 교육적 데이터 리터러시를 요구한다. 교사는 데이터가 무엇을 말하고 무엇을 말하지 않는지를 구별해야 한다. 데이터를 교육적 실천으로 연결하는 해석적 역량을 갖춰야 한다. 동시에 AI 알고리즘이 편향을 가지고 있거나, 특정 학생 집단을 부당하게 분류할 가능성을 경계해야 한다. 데이터 윤리를 실천하는 것도 교사의 몫이다.

윤리적 쟁점과 인간중심 교육의 수호

학습 분석학 및 AI 기술의 교육 현장 도입은 기술적 효율성뿐만 아니라 인간중심 교육의 본질을 훼손할 수 있는 구조적 문제를 내포한다. AI는 학생의 반응을 데이터로 분석하고 알고리즘에 따라 피드백을 줄 수는 있다. 사람들 사이의 정서적 공감이나 가치 판단, 윤리적 조율 같은 영역에서는 분명한 한계를 보인다.

AI는 학생의 정서 상태를 완벽히 파악하거나 학습 동기를 지속적으로 유지시킬 수 있는 능력이 제한적이다. 교사는 AI가 포착하지 못하는 학생의 불안, 혼란, 좌절을 감지해야 한다. 인간적인 돌봄, 감정적 공명, 비언어적 피드백을 통해 정서적 관계 형성을 강화해야 한다(이강주 외, 2025). AI의 정서 인식 한계는 기술적 문제가 아니라 존재론적 한계다. 인간의 정서는 맥락적이고 관계적이며 역사적이다. 교육은 알고리즘이 아니라 관계 속에서 일어난다. 생성형 AI의 사용이 학생들의 사고력 자체를 저하시키고 역량을 퇴보시키는 교육적 위해를 가할 수 있다는 점도 근본적인 문제다. 생성형 AI 시대의 평가 위기는 사실 기존 평가 체제의 한계를 드러낸 것에 불과하다. 암기와 재생산 중심의 평가가 AI로 대체 가능하다는 것은, 그런 평가가 애초에 고등 사고를 측정하지 못했음을 증명한다. 평가는 최종 결과물보다는 학생들이 AI 결과물의 타당성을 분석하고 재질문하는 순환적 활동을 중심으로 이루어져야 한다. 메타인지 역량의 발휘 과정이 중요해진다.

정책적 대응과 미래 전망

AI 시대의 교육적 변화는 교사의 역할 대체가 아니라 역할의 성격과 필요 역량을 새롭게 정의할 것을 요구한다. 예비 교사는 단순한 교과 전문성이나 교수 기술을 넘어서야 한다. AI 이해, 디지털 데이터 해석, 윤리 감수성,

교육 철학 등에 대한 복합적 소양을 갖추도록 다학제적, 경험 중심의 교육을 받아야 한다(이원규 · 김자미, 2020). 현직 교사를 위한 연수는 기술 기능 중심의 일회성 전달에서 벗어나야 한다. AI 도구 활용, 학습 분석 기반 피드백 설계, 교육 목적과 기술의 관계를 성찰하는 실천 중심의 장기 연수 체계가 필요하다. 특히 기술 영역 중심의 실습형, 참여형 연수 프로그램이 적극적으로 확대되어야 한다. 인공지능 융합 교육 활성화를 위해서는 가용 데이터가 충분히 마련되어야 한다. 데이터가 모여 유의미한 분석이 가능할 때까지 최소 5~6년 이상의 장기적인 안목에서 지속적인 개선과 지원이 필요하다(이가은, 2025).

정책의 성패는 방향이 아니라 실행에서 결정된다. 정책 당국은 하향식 지시가 아니라 상향식 협의 구조를 마련해야 한다. 교사를 정책의 '대상'이 아니라 '주체'로 인정해야 한다. 교육 정책은 기술 효율성 중심의 논리에서 벗어나야 한다. 인간 성장과 공동체 회복이라는 교육의 본질적 가치에 주목하는 철학적 전환이 요청된다(김자미 · 김용, 2023). 학습 분석학은 도구일 뿐, 교육의 본질은 여전히 인간과 인간 사이의 만남이다. 데이터는 교육의 시작점을 제공한다. 그 데이터를 교육적 의미로 전환하는 것은 오직 교사만이 할 수 있는 고유한 전문 영역이다.

연구 노트

토론 질문

• 적용형: 당신이 대학 교수라면 학습 분석 시스템이 중도 탈락 위험 학생을 식별했을 때 어떻게 개입하겠는가?

• 비판형: "학습 분석학은 학생 감시 시스템이다"라는 비판에 동의하는가?

• 윤리형: 예측 알고리즘이 특정 학생을 고위험군으로 분류했지만 근거가 불명확할 때, 교사는 그 정보를 어떻게 활용해야 하는가?

• 정책형: 초중등 학교에서 학습 분석학을 도입한다면 어떤 윤리적 지침이 필요한가?

• 미래 전망형: 10년 후 AI 기반 학습 분석이 교실의 일상이 된다면, 교사의 역할은 어떻게 변화할 것인가?

성찰

학습 분석학은 인구 구조의 위기와 AI 기술 발달이라는 이중적 전환 속에서 교육의 효율성과 질적 향상을 위한 시대적 요청이다. 그러나 기술적 효율성에 매몰되는 것을 경계해야 한다. AI가 포착하지 못하는 학생의 정서적 공감, 가치 판단, 윤리적 조율의 영역에서 교사의 인간중심적 역할을 재정립해야 한다.

핵심 용어

• 학습 분석학(Learning Analytics): 대규모 학습 데이터를 수집, 분석, 해석하여 교육적 통찰을 도출하고 학생의 맞춤형 성장을 촉진하는 활동.

• 지능의 확장(Intelligence Amplification): AI 시스템이 인간(교사)의 인지적 한계를 보완하고 학습자 맞춤형 교육을 실현하도록 지원하는 이론적 기반.

• 과정 중심 평가: AI 기반 학습 체계에서 학생의 학습 과정과 평가를 통합하여 자연스럽게 이루어지는 평가 방식.

• 교육적 데이터 리터러시: 데이터가 무엇을 말하고 무엇을 말하지 않는지를 구별하며, 데이터를 교육적 실천으로 연결하는 해석적 역량.

요약

학습 분석학은 급변하는 인구 구조와 AI 시대에 대규모 학습 데이터를 분석하여 학생의 맞춤형 성장을 지원하며, 교사에게 데이터 해석자, 윤리적 안내자로서의 새로운 역할과 역량 강화를 요구하는 교육 혁신의 핵심 동력이다.

참고문헌

김자미·김용(2023). "AI 융합교육 역량 강화를 위한 교사의 교육요구도 분석". 《인터넷정보학회논문지》, 24(5), 121~130쪽.

김홍겸 외(2018). "AI 기반 학습 분석과 맞춤형 평가 시스템". 《교육평가연구》, 24(6), 189~207쪽.

성경희·박은아(2024). "생성형 AI 시대 사회과교육의 과제에 대한 시론적 고찰: ChatGPT 활용을 둘러싼 6가지 주요 질문들". 《시민교육연구》, 56(2), 247~288쪽.

오새내·김효정(2023). "대학생의 ChatGPT 사용 의식과 과제 표절 인식의 관계". 《한성어문학》, 50, 253~281쪽.

이가은(2025). "인공지능(AI) 활용 진로교육 역량 강화를 위한 고등학교 진로전담교사의 교육요구 분석". 연세대학교 대학원 석사학위논문.

이강주 외(2025). "AI 시대 교사의 역할과 핵심역량 재설정을 위한 탐색적 연구". 《핵심역량교육연구》, 10(1), 1~22쪽.

이서교 외(2024). "인공지능 융합교육의 필요성과 활성화 방안에 관한 질적 연구: 인공지능 교육 담당 교육전문직의 인식을 중심으로 ". 《교육공학연구》, 40(2), 572~611쪽.

이원규·김자미(2020). "AI융합 교육을 위한 교사 교육과정 개발". 《한국융합인문학》, 8(2), 29~52쪽.

Luckin, R. et al.(2016). *Intelligence unleashed: An argument for AI in education.* Pearson.

05
생성형 AI와 글쓰기 혁명

생성형 AI의 출현은 텍스트, 이미지 등 인간의 창작 영역으로 확장되며 교육 시스템에 근본적인 패러다임 전환을 요구하는 획기적인 충격을 주고 있다. 단순한 도구 활용이 아니라, 학습자의 주체성과 인간중심적 가치를 수호하면서 생성형 AI와의 협력적 공존 가능성을 모색해야 할 시대적 과제에 직면한다.

AI 콘텐츠 크리에이터?

생성형 AI의 기술적 원리와 교육적 함의

생성형 AI는 텍스트, 이미지, 비디오를 만들어 낸다. 이전에는 대화형, 그림, 동영상 AI로 구분되었지만, 최근에는 이 기능들이 하나로 합쳐지는 추세다(Askitas, 2025). 특히 2022년 11월 OpenAI에 의해 출시된 ChatGPT는 대화형 AI 서비스로, GPT(Generative Pre-trained Transformer) 모델에 기반을 둔다. GPT는 대규모 언어 모델(LLM)이자 인공지능 모델이다. 기계 학습이나 심층 학습으로 방대한 데이터를 미리 학습(pre-trained)한 뒤, 이를 바탕으로 새로운 문장을 생성(generative)해 낸다는 뜻을 담고 있다(성경희 · 박은아, 2024).

생성형 AI의 출현에서 획기적인 사건은 2017년 트랜스포머 알고리듬(Transformer Algorithm) 또는 어텐션 모델의 등장이다. 개발자들은 트랜스포머 모델만 프로그래밍한 후, 대규모 정보를 제공하여 컴퓨터 스스로 언어의 구조와 특징을 찾아내고 학습하게 요구했다. 트랜스포머 모델의 성공 이후, 기계는 인간의 언어 그대로 과업을 수행하기 시작했다. 트랜스포머 모델은 기계가 스스로 언어를 학습하게 한다. 학습이 끝나면 확률에 기반한 언어 지도를 만들고, 그것을 바탕으로 사람의 질문에 답한다.

이런 기술적 성과를 교육에 바로 적용한다고 해서, 저절로 교육적인 성과가 나오는 것은 아니다. 트랜스포머 모델이 확률적 언어 지도를 만든다는 것은, AI가 생성하는 답변이 본질적으로 '가장 그럴듯한' 답일 뿐 '가장 정확한' 답이 아닐 수 있음을 의미한다. 교사와 학습자는 이런 기술적 본질을 이해하고 비판적으로 접근해야 한다.

질문 중심 교육으로의 전환

성경희와 박은아는 생성형 시대 ChatGPT 활용을 둘러싼 6가지 주요 질문을 했다. AI는 무엇을 생성하고 우리는 무엇을 표절하는가? 속고 속이는 생성형 AI에 어떻게 대응할 것인가? 열린 AI가 교육 격차를 줄일 수 있는가 아니면 닫힌 AI가 교육 형평성을 위협하지 않는가? 교직의 미래는 어떠할 것인가? 교사의 전문성은 어디에서 찾을 수 있는가? 생성형 AI 시대에 사회과 교사의 역할은 무엇인가? 사회과 교육을 통해 학생들이 AI에게 어떤 질문을 하도록 가르칠 것인가?(성경희 · 박은아, 2024)

AI에 대한 사회적 가치 증대와 더불어 AI의 교육적 활용도 중요하다(김자미 · 김용, 2023). 생성형 AI 시대에는 학생들이 비판적 사고와 문제 해결력을 키울 수 있도록 질문을 유도하고, 탐구할 수 있는 학습을 설계하는 교사의 역할이 매우 중요하다. AI는 스스로 질문을 생성하지 못하며, 응답의 질은 사용자의 질문(프롬프트)의 질에 크게 영향을 받기 때문이다.

언어 교육 분야의 전문가는 생성형 AI 활용 시 '사고의 모드가 달라진다'고 주장한다. 과거에는 '읽기'부터 시작했으나, 이제는 쓰기부터 시작하고 그 결과물 속에서 무엇을 읽을지를 보게 되어 읽기와 쓰기의 순서가 바뀌며 결합된 활동으로 변화할 것으로 예상한다(오새내 · 김효정, 2023). 이런 변화는 흥미로운 통찰이지만, 모든 학습자에게 동일하게 효과적일지는 신중한 검토가 필요하다. 특히 기초 문해력이 부족한 학습자에게 AI 생성 텍스트를 먼저 제시하는 것은 오히려 사고의 의존성을 강화할 수 있다.

프롬프트 엔지니어링과 메타인지 교육

좋은 질문 능력을 키우려면 프롬프트 엔지니어링을 활용할 수 있다. 이는 AI에서 최상의 답변을 얻기 위해 입력값을 조정하는 방법이다. 명확하고 구체적인 지시가 필요하며, 단순하고 직접적인 언어를 사용해야 한다. 원하는 답변의 배경과 목적을 설명하는 맥락 제공도 중요하다. "당신은 초등학교 교사입니다"와 같은 페르소나 부여로 역할을 설정할 수 있다. "단계별로 설명해 주세요"처럼 사고의 사슬(Chain of Thought)을 요청하는 방법도 있다. 원하는 형식과 스타일의 구체적 예시를 포함하면 더 나은 결과를 얻을 수 있다. 결과를 평가하고 프롬프트를 수정하는 반복적 개선 과정도 필수적이다(성경희 · 박은아, 2024).

이런 프롬프트 엔지니어링 교육은 학생들이 논리적 사고력과 문제 해결력을 키울 수 있도록 지원한다(UNESCO, 2023). 교사는 학생의 메타인지를 넘어서서 학습 과정을 바라보고 지도해야 하는 역할을 요구받는다. 학생은 AI에게 무엇을 질문했고 어떤 답을 얻었는지 성찰해야 한다. 그 결과물에 대한 판단 및 평가 능력을 바탕으로 유의미한 방향으로 재질문하고 응답을 재생성하는 순환적 활동을 반복 수행해야 한다.

진로 교육에서의 생성형 AI 활용

생성형 AI 기술은 학생의 경험, 흥미, 학업 성취 수준 등을 종합적으로 분석하고 패턴을 추출함으로써 진로 교육 분야에 새로운 가능성을 제시한다. 고등학교 진로 전담 교사들은 다양한 역량에 대한 높은 교육 요구를 보였다. AI를 활용하여 학생들의 진로 탐색 과정을 실시간으로 모니터링하고 피드백하는 역량이 필요하다. 다양한 진로 대안을 검토하여 합리적인 진로 의사 결정을 하도록 지원하는 역량도 중요하다. 진로 관련 정보를 탐색하고 수집하며, 해석하고 평가할 수 있는 역량도 요구된다. 진로 교육에서 AI의 데이터 기반 추천이 학생의 진로 선택을 지원할 수 있지만, 데이터가 포착하지 못하는 학생의 잠재적 가능성, 돌발적 관심, 비전형적 진로 경로를 배제할 위험도 존재한다. AI는 과거 데이터를 기반으로 미래를 예측하지만, 교육은 예측 불가능한 미래를 창조하는 영역이기도 하다(이가은, 2025).

교사 업무 효율화와 본질적 교육의 균형

AI 기술은 교사의 반복적 업무 부담을 줄여준다. 자동 채점 도구나 실시간 학습 분석 시스템을 통해 평가 업무를 효율화시킨다. 교사는 AI 활용으로 확보된 시간을 활용하여 학생들의 그룹 학습이나 토론을 촉진할 수 있다. 지식 전달자에서 벗어나 학습 촉진자이자 학습 설계자로서의 역할을 중심으로 확장된다.

인공지능 융합 교육에 대한 교사 간 인식 및 역량의 격차는 교사의 부담이 되고 있다(이서교 외, 2023). '업무 효율화'라는 명목 하에 교사의 고유한 전문성 영역이 기술로 대체되면서, 교사의 역할이 단순 관리자나 기술 보조자로 축소될 위험도 존재한다. 기술을 도입할 때는, 반드시 교사의 자율성과 전문성을 강화하는 방향으로 추진해야 한다.

교실을 '생각의 성역'으로

생성형 AI는 질문의 시대를 열었다. 이제 중요한 것은 답이 아니라 질문이며, 정보가 아니라 사고이며, 결과가 아니라 과정이다(이강주 외, 2025). 동시에, 교실은 AI로부터 단절된 '생각의 성역'이기도 해야 한다. 학생들이 자신의 머리로 생각하고, 자신의 언어로 표현하고, 자신의 논리로 설득하는 경험을 할 수 있는 공간을 지켜내는 것이야말로 AI 시대 교육의 가장 중요한 과제다. 교실은 '생각하는 공간'이 되어야 한다. 교사가 정보만 주는 게 아니라, 학생들이 스스로 생각하고 논리를 펼쳐 글을 쓰게 하는 게 디지털 시대에 학교가 살아남는 방법이다(성경희 · 박은아, 2024). 생성형 AI는 도구일 뿐, 교육의 본질은 여전히 인간의 사고와 성찰에 있다. 기술이 사고를 대체하는 것이 아니라, 사고가 기술을 활용하는 방향으로 교육이 설계되어야 한다. 글쓰기 과정에서 ChatGPT를 활용할 때는 교수 학습 방안의 개선이 필요하다(오새내 · 김효정, 2023).

연구 노트

토론 질문

- 적용형: 당신이 교사라면 학생들에게 생성형 AI를 활용한 글쓰기를 어떻게 지도하겠는가?
- 비판형: "생성형 AI는 학생들의 사고력을 퇴화시킨다"는 주장에 동의하는가?
- 윤리형: 학생이 AI로 작성한 과제를 제출했을 때, 어떤 기준으로 평가해야 하는가?
- 정책형: 교육 현장에서 생성형 AI 사용에 대한 윤리적 가이드라인은 어떻게 마련되어야 하는가?
- 미래 전망형: 10년 후 생성형 AI가 교육에 완전히 통합된다면, 교사의 핵심 역할은 무엇일까?

성찰

당신은 학습 과정에서 생성형 AI를 어떻게 활용하고 있는가? AI가 제공한 답변을 무비판적으로 수용한 적은 없는가? 진정한 학습은 답을 얻는 것이 아니라 질문을 던지는 데서 시작된다. AI는 강력한 도구이지만, 당신의 호기심, 비판적 사고, 창의적 통찰을 대신할 수 없다.

핵심 용어

• 생성형 AI(Generative AI): 텍스트, 이미지, 비디오 등을 생성하는 인공지능으로, GPT 같은 대규모 언어 모델이 대표적이며 교육에서 창작과 학습의 패러다임을 변화시키는 기술.

• 프롬프트 엔지니어링(Prompt Engineering): AI에서 최적의 답변을 얻기 위해 명확하고 구체적인 질문과 지시를 설계하는 기술로, 학생의 논리적 사고력과 문제 해결력 향상에 기여.

• 메타인지 교육: 학생이 AI와의 상호작용을 성찰하고, AI 결과물을 판단 · 평가하며, 재질문하는 순환적 사고 과정을 통해 자신의 학습을 조절하는 능력을 키우는 교육.

• 생각의 성역: 학생들이 AI에 의존하지 않고 자신의 머리로 생각하고, 자신의 언어로 표현하며, 자신의 논리로 설득하는 경험을 보장하는 교육 공간.

요약

생성형 AI는 교육에 질문 중심 학습과 메타인지적 사고를 요구하며, 교사는 프롬프트 엔지니어링 교육을 통해 학생의 비판적 사고력을 키우고, 기술의 효율성을 활용하면서도 교실을 학생들이 스스로 사고하는 '생각의 성역'으로 지켜내야 한다.

참고문헌

김자미·김용(2023). "AI 융합교육 역량 강화를 위한 교사의 교육요구도 분석". 《인터넷정보학회논문지》, 24(5), 121~130쪽.

성경희·박은아(2024). "생성형 AI 시대 사회과교육의 과제에 대한 시론적 고찰: ChatGPT 활용을 둘러싼 6가지 주요 질문들". 《시민교육연구》, 56(2), 247~288쪽.

오새내·김효정(2023). "대학생의 ChatGPT 사용 의식과 과제 표절 인식의 관계". 《한성어문학》, 50, 253~281쪽.

이가은(2025). "인공지능(AI) 활용 진로교육 역량 강화를 위한 고등학교 진로전담교사의 교육요구 분석". 연세대학교 대학원 석사학위논문.

이강주 외(2025). "AI 시대 교사의 역할과 핵심역량 재설정을 위한 탐색적 연구". 《핵심역량교육연구》, 10(1), 1~22쪽.

이서교 외(2024). "인공지능 융합교육의 필요성과 활성화 방안에 관한 질적 연구: 인공지능 교육 담당 교육전문직의 인식을 중심으로". 《교육공학연구》, 40(2), 572~611쪽.

Askitas, N.(2025). Notes on a World with Generative AI. IZA Discussion Paper No. 18070, pp.1~25.

UNESCO(2023). Guidance for generative AI in education and research. UNESCO.

06
교사 역할 재정의

AI 기반 학습 분석학과 생성형 AI가 등장하면서, 교사 역할을 근본적으로 다시 정의해야 한다. 교사는 기술의 효율성만 좇지 말고, 인간중심 교육을 지켜야 한다. 학생의 전인적 성장과 미래 사회 적응을 이끄는 실천가가 되어야 한다.

AI와 민주주의?

역할 전환의 실천적 의미

전통적으로 교사는 지식 전달자와 교육과정 수행자로 정의되었다. 21세기 지식 정보 사회로 접어들면서, 이런 패러다임은 근본적인 도전을 받게 되었다. 지식의 반감기가 급격히 짧아지면서 교사가 보유한 지식의 절대적 우위가 약화되었고, 학생들은 검색 엔진과 AI 챗봇을 통해 실시간으로 최신 정보에 접근할 수 있게 되었다. 인구 절벽 현상은 교사 역할의 구조적 전환을 더 빠르게 만들고 있다(이강주 외, 2025). 학생 수가 줄면서 소규모 학교가 늘고 있다. 한 명의 교사가 여러 학년, 여러 과목을 맡는 경우가 많아지고 있다. 교사에게는 교육과정을 재구성하는 능력, 발달 단계별 이해, 통합적 수업 설계 역량이 필요하다. 교사는 인구 구조 변화와 기술 환경 변화라는 이중 전환 속에서 수동적으로 적응하는 게 아니라, 능동적으로 실천 구조를 재구성하고 교육의 본질을 지키는 실천가가 되어야 한다.

AI 시대 교사의 네 가지 핵심 역할

이강주는 AI 시대 교사의 역할을 네 가지로 정의했다. 이 역할들은 교육 현장에서 서로 상호작용하며 유기적으로 연결된다고 봤다(이강주 외, 2025).

• **학습 촉진자로서의 교사**: AI 튜터가 효율적인 학습 경로를 제시할 수는 있다. 하지만 학생이 왜 배워야 하는지, 그 학습이 자기 삶과 어떻게 연결되는지를 깨닫게 하는 건 여전히 교사의 몫이다. 교사는 학습 환경을 설계한다. 그리고 학습 과정에서 생기는 인지적 · 정서적 어려움을 진단하고 개입한다. AI는 학생의 오답 패턴을 분석할 수 있다. 하지만 학생이 왜 그렇게 생각했는지, 어떤 오개념을 갖고 있는지 깊이 이해하고 바로잡는 건 오직 인간 교사만이 할 수 있다.

• **데이터 분석가로서의 교사**: 교사의 핵심 역할은 AI가 제공하는 정량적 데이터를 학생의 학습 맥락, 정서 상태, 사회적 관계 같은 질적 정보와 통합해서 해석하는 것이다. AI는 특정 학생이 수학 문제 풀이에 어려움을 겪는다는 데이터를 제시할 수 있다. 하지만 그 원인이 개념 이해 부족인지, 시험 불안인지, 가정환경 문제인지 진단하는 건 교사의 종합적 판단이 필요하다.

• **윤리적 안내자로서의 교사**: 교사는 AI 시스템의 한계와 위험을 이해하고 학생들에게 알려줘야 한다. 생성형 AI는 허위 정보를 만들어 낼 수 있고, 편향된 답변을 줄 수도 있다. 학생들이 AI의 결과를 무비판적으로 받아들이지 않도록, 정보의 출처를 확인하고 교차 검증하는

습관을 갖게 해야 한다.

• **협력적 파트너로서의 교사**: 교사는 이제 고립된 교실에서 혼자 일하지 않는다. AI 시스템과의 협력, 동료 교사와의 학습 공동체, 학부모 및 지역 사회와의 협력이 필수다(김홍겸 외, 2018). 특히 소규모 학교나 복합 학급에서는 교사 간 협력이 필수다. 학년 통합 수업, 교과 융합 프로젝트 등을 함께 설계하고 실행한다.

AI 시대 교사의 핵심 역량

AI 시대 교사의 핵심 역량은 세 가지로 요약할 수 있다. 인문 교양적 인간중심 사고관이 첫 번째다. AI 시대에도 교육의 본질은 인간에 있다. 교사는 왜 가르치는가, 무엇을 가르쳐야 하는가에 대한 근본적인 질문을 계속 던지고, 자신의 실천을 성찰해야 한다. AI가 효율성과 성과를 강조할 때, 교사는 학습의 과정적 가치, 실패의 교육적 의미를 옹호할 수 있어야 한다(성경희 · 박은아, 2024).

주체적 AI 활용 교수 역량이 두 번째다. 교사는 AI의 작동 원리, 기계 학습의 기본 개념, 알고리즘의 논리를 이해해야 한다. 그래야 AI 시스템이 무엇을 할 수 있고 무엇을 할 수 없는지를 정확히 판단할 수 있다. 김자미와

김용은 교사들이 AI 융합 교육을 문제 해결의 방법론으로 보고, AI와 빅데이터, AI 활용 학습에 대한 교사 교육이 필요하다고 강조했다.

공존을 위한 관계 리더십이 세 번째다. 교사는 학생의 정서 상태를 민감하게 파악하고, 적절히 반응해야 한다. 학생이 자신의 감정을 건강하게 표현하고 조절할 수 있도록 도와야 한다. AI가 제공할 수 없는 공감, 위로, 격려 같은 인간적 상호작용을 통해 학생과 신뢰 관계를 만든다(김자미 · 김용, 2023).

교사 역할 재정의의 실천 과제

AI 시대 교사 역할 재정의는 단순히 새로운 기술을 배우는 문제가 아니다. 교육의 본질과 목적, 인간의 가치와 성장을 근본적으로 성찰해야 하는 철학적 과제다. 이를 위해서는 교원 양성 교육과정을 재구조화해야 한다. 예비 교사는 AI 이해, 디지털 데이터 해석, 윤리 감수성, 교육 철학 등 복합적 소양을 갖춰야 한다. 다학제적이고 경험 중심의 교육을 받아야 한다.

현직 교사 연수 체계도 혁신해야 한다. 기술 기능 중심의 일회성 전달에서 벗어나야 한다. AI 도구 활용, 학습 분석 기반 피드백 설계, 교육 목적과 기술의 관계를 성찰하는 실천 중심의 장기 연수 체계가 필요하다(이강주 외, 2025).

교사 자율성을 보장하는 제도적 지원도 필요하다. 정책 당국은 하향식 지시가 아니라 상향식 협의 구조를 만들어야 한다. 교사를 정책의 '대상'이 아니라 '주체'로 인정해야 한다. 인공지능과 인간의 협업은 교사가 AI 기술을 수동적으로 받아들이는 게 아니라, 능동적 설계자이자 비판적 실천가가 되는 것이다(김홍겸 외, 2018). AI 시대에도 교사는 여전히 중요하다. 교육은 결국 사람이 사람을 이해하고 키우는 과정이기 때문이다.

연구 노트

토론 질문

• 적용형: 당신의 교실에 AI 튜터가 도입된다면 어떤 교사 역할을 우선 수행하겠는가?

• 비판형: AI 도입은 교사를 돕는가, 아니면 새로운 통제를 가져오는가?

• 윤리형: AI가 학생 데이터를 분석할 때 교사는 어디까지 개입해야 하는가?

• 정책형: 교사의 AI 활용 역량 강화를 위해 어떤 제도적

지원이 필요한가?

• 미래 전망형: 20년 후 교사는 어떤 핵심 가치를 실현하고 있을까?

성찰

당신이 학생이었을 때 기억에 남는 선생님은 누구였나요? 그 선생님은 무엇을 가르쳤나요? AI 시대에도 학생들에게 가장 필요한 것은 정확한 정보가 아니라, 자신의 배움에 의미를 부여하고, 타인과 연결되는 능력이다. 교사는 바로 그 능력을 키워주는 사람이다.

핵심 용어

• 학습 촉진자(Learning Facilitator): 학생이 스스로 학습 목표를 설정하고 자기주도적으로 학습할 수 있도록 지원하는 교사의 역할.

• 교육적 데이터 리터러시(Educational Data Literacy): 데이터가 무엇을 말하고 무엇을 말하지 않는지를 구별하며, 데이터를 교육적 실천으로 연결하는 해석적 역량.

• 공동 주도성(Co-Agency): OECD Learning Compass 2030에서 제시한 개념으로, 학생의 주도성이 교사, 가족, 동료, 지역 사회 등 다양한 주체와의 협력적 관계 속

에서 실현되어야 함을 강조.

요약

AI 기술의 급속한 확산과 인구절벽이라는 이중적 전환 속에서, 교사는 지식 전달자에서 학습 촉진자, 데이터 분석가, 윤리적 안내자, 협력적 파트너로 역할을 재정립하고, 인간중심의 철학적 사고관과 주체적 기술 활용 역량을 바탕으로 교육의 본질적 가치를 지켜야 한다.

참고문헌

김자미·김용(2023). "AI 융합교육 역량 강화를 위한 교사의 교육요구도 분석". 《한국 인터넷정보학회》, 24(5), 121～130쪽.

성경희·박은아(2024). "생성형 AI 시대 사회과교육의 과제에 대한 시론적 고찰: ChatGPT 활용을 둘러싼 6가지 주요 질문들". 《시민교육연구》, 56(2), 247～288쪽.

이강주 외(2025). "AI 시대 교사의 역할과 핵심역량 재설정을 위한 탐색적 연구". 《핵심역량교육연구》, 10(1), 1～22쪽.

07
AI 리터러시

인공지능 기술, 특히 생성형 AI가 광범위하게 도입되면서, 학습자가 디지털 환경의 복잡성을 이해하고 주체적으로 대응할 수 있는 AI 리터러시 교육을 근본적으로 재설정해야 한다는 시대적 과제에 직면했다. AI를 단순한 도구로 쓰는 것을 넘어서야 한다. 기술의 윤리적 편향성과 사회적 함의를 비판적으로 성찰하면서, 새로운 지식 생산 환경에 적응하는 능력을 학습자에게 길러줘야 한다.

AI와 애니메이션?

AI 리터러시의 개념적 기반

AI 리터러시란 AI 시스템의 기능, 작동 원리, 한계, 윤리적 문제까지 이해하고, 이를 책임감 있게 활용하는 능력을 말한다. 단순한 기술 사용을 넘어선다. AI의 사회적 영향을 비판적으로 평가하고, 데이터 프라이버시와 알고리즘 편향을 인식하는 포괄적 역량을 포함한다. 김자미는 AI 역량을 "시대적, 사회적 맥락을 고려한 지식, 기술, 태도를 포함하는 힘"으로 정의했다(이원규 · 김자미, 2020).

AI 리터러시 교육에서는 두 가지 접근이 필요하다. 첫째는 AI와 함께하는 학습(Learning with AI)이다. AI 기술을 교수 · 학습 과정에 도구로 활용해서 학습을 촉진하는 방식이다. 둘째는 AI에 대한 학습(Learning about AI)이다. 인공지능 자체를 교육의 내용으로 다루는 방식이다. 이 관점에서 학습자는 AI의 기본 개념과 원리, 기술을 이해한다. 그리고 AI 윤리를 바탕으로 알고리즘 설계 및 활용 역량을 기르는 데 초점을 맞춘다(Holmes et al., 2019). 교육 현장에서는 교사에게 요구하는 AI 역량의 범위가 지나치게 기술 중심으로 치우치곤 한다. 교사는 프로그래머가 아니다. 교사에게 필요한 건 코딩 능력이 아니다. AI 시스템의 작동 원리를 이해하고, 그게 교육적으로 어떤 의미를 갖는지 비판적으로 성찰할 수 있는 '기술 해석 역량'이다. 데이터가 포착하는 건 학습 행동의 '결과'일 뿐이다. 학습자의 내적 동기, 정서적 맥락, 사회 문화적 배경까지 온전히 담아내지는 못한다.

비판적 AI 리터러시: 환각과 편향성에 대한 대응

생성형 AI의 출현은 단순한 기술적 숙련도를 넘어선다. AI가 생성하는 결과물의 진실성, 공정성, 그리고 인간의 사고력 보존과 관련된 비판적 AI 리터러시 역량의 필요성을 극적으로 드러낸다. AI 환각은 인공지능이 그럴듯하지만 사실이 아닌 정보를 만들어 내는 현상이다. 확률적 모델의 한계 때문에 발생하며, 특히 구체적 사실, 인용, 통계에서 자주 나타난다.

UNESCO(2023)는 생성형 AI가 실세계 관찰이나 과학적 방법론에 기반하지 않는다고 지적한다. 인간적 또는 사회적 가치와도 정렬되지 않는다. AI는 실세계에 대한 진정으로 새로운 내용을 생성할 수 없다. 교육적 신뢰성에 위협이 되므로 반드시 검증이 필요하다. 학생들이 AI의 답변을 무비판적으로 받아들이지 않도록, 정보의 출처를 확인하고 교차 검증하는 습관을 길러줘야 한다.

알고리즘 편향은 AI 시스템이 학습 데이터나 설계 과

정에서 특정 집단에 대한 편견을 학습해서 불공정하거나 차별적인 결과를 만들어 내는 현상이다. AI는 인간이 만든 데이터세트를 학습한다. 그래서 데이터에 담긴 인간의 가치 입장이나 편향성을 반영할 수밖에 없다. 가치중립적 사고를 할 수 없는 한계가 있다. AI 환각과 편향성이 결합되면 가짜뉴스를 무한히 만들어 낼 수 있다는 우려가 나온다. 이에 대응하려면 비판적 사고력에 주목해야 한다. 이건 미디어와 메시지에 대한 비판적 읽기, 즉 비판적 리터러시와 연결된다(이강주 외, 2025).

메타인지와 재질문 역량

생성형 AI 시대에는 교사의 역할이 매우 중요하다. 학생들이 비판적 사고와 문제 해결력을 키울 수 있도록 질문을 유도하고, 탐구할 수 있는 학습을 설계해야 한다. AI는 스스로 질문을 만들지 못한다. 그리고 응답의 질은 사용자의 질문(프롬프트)의 질에 크게 영향을 받는다. AI 리터러시는 단순히 AI가 제시한 결과물을 검증하는 걸 넘어서야 한다. 학습자가 자신의 질문과 그로 인한 생산 과정에 대해서까지 성찰적으로 검토하는 능력을 포함해야 한다. 학습자는 AI에게 무엇을 질문했고 어떤 답을 얻었는지 성찰해야 한다. 그 결과물을 판단하고 평가하는 능력을 바탕으로, 유의미한 방향으로 재질문하고 응답을 재생성하는 순환적 활동을 반복해야 한다(이강주 외, 2025). 프롬프트 엔지니어링은 AI로부터 최상의 답변을 얻기 위해 최적의 입력값 조합을 찾는 작업이다. 세부 정보나 맥락 제공, 페르소나 부여, 사고의 사슬(CoT) 요청 같은 전략을 포함한다. 이런 방법으로 학생들이 논리적 사고력과 문제 해결력을 키울 수 있도록 지원한다.

윤리적 AI 리터러시와 교육 실천

교사들은 AI를 활용한 교육에서 윤리적 규범을 중시한다. 개인정보 보호 같은 문제에서 학생의 이익을 우선적으로 고려하는 태도가 가장 높은 필요 수준을 보였다. AI 기술이 학생의 정체성과 사생활에 미치는 영향을 고려할 때, 기술 윤리 감수성을 기르는 게 리터러시 교육의 핵심이 되어야 한다는 걸 보여 준다.

생성형 AI의 출현은 ChatGPT 같은 도구를 활용한 표절 및 부정행위 문제를 일으킨다. 학계와 교육계가 학문적 진실성을 다시 개념화하도록 요구한다. 더 근본적인 교육적 도전은 이것이다. 생성형 AI의 사용이 학생들의 정보 탐색, 활용, 재창출 활동을 빠르게 대체한다. 학생들의 사고 능력과 역량 신장을 크게 훼손할 수 있다. 생성형 AI 시대의 평가 위기는 사실 기존 평가 체제의 한계를 드러낸 것에 불과하다. 암기와 재생산 중심의 평가가 AI로 대체 가능하다는 건, 그런 평가가 애초에 고등 사고를 측정하지 못했음을 증명한다. 평가할 때는 최종 결과물만 보면 안 된다. 학생들이 AI의 결과물이 타당한지 분석하고 다시 질문하는 '메타인지 역량'이 발휘되는 과정을 중심으로 삼아야 한다.

교육 형평성과 정책적 대응

생성형 AI 기업들이 GPT-4 같은 서비스를 부분 유료화하면서, AI 서비스가 점차 '닫힌' AI 서비스가 되는 경향을 보인다. 이것은 교육 형평성을 해칠 수 있다는 심각한 우려를 낳는다. 경제 계층에 따라 정보 접근과 도구 활용이 달라진다. AI 격차가 심각해질 수 있다. AI가 제공하는 응답의 질은 사용자의 프롬프트 질에 크게 영향을 받는다. 학생에게 이미 내재화된 역량의 차이가 결과물의 차이를 더욱 벌어지게 할 가능성도 있다(성경희 · 박은아, 2024).

AI 형평성 문제는 기술만의 문제가 아니다. 자본주의 사회의 구조적 문제가 기술을 통해 재생산되는 것이다. 유료 AI 서비스가 교육 격차를 심화시킬 거라면, 공교육은 모든 학생에게 공평한 AI 접근권을 보장하는 정책적 개입을 해야 한다.

구체적 방안을 살펴보자. 공교육 AI 플랫폼을 무료로 제공해야 한다. 교육청 차원에서 모든 학생에게 고품질 AI 도구 접근권을 보장하는 것이다. 디지털 인프라 구축도 필요하다. 저소득층 학생을 위한 디바이스 및 인터넷 접근을 지원해야 한다. 교사 연수 체계화도 중요하다. 개인정보 보호, 데이터 보안, 알고리즘 편향 등 AI 활용의 윤리적 · 법적 기반에 대한 체계적인 연수를 강화해야 한다. 청소년 AI 사용 가이드라인도 마련해야 한다. AI 기업의 연령 제한(13세 미만 사용 금지 등)과 학교 현장의 괴리를 해소할 일관된 정책을 수립한다. 청소년의 AI 활용 방안에 대한 사회적 논의 과정을 공개하고, 교육 당국이 이를 통합해서 일관된 가이드라인을 만들 필요가 있다(이강주 외, 2025).

AI 리터러시 교육의 미래 방향

AI 리터러시 교육은 학생이 AI의 답을 그냥 받아들이는 게 아니라, 스스로 질문하고 생각하는 능력을 키우는 데 초점을 맞춰야 한다. AI 리터러시는 도구일 뿐이다. 교육의 본질은 사람과 사람이 만나는 거다. 기술이 생각을 대신하는 게 아니라, 생각이 기술을 활용하는 방향으로 가야 한다. AI 시대의 리터러시 교육은 비판적 통찰과 인간 중심적 가치를 바탕으로 학습자의 주체성을 강화하는 방향으로 다시 설정되어야 한다(김자미 · 김용, 2023).

연구 노트

토론 질문

- 적용형: 당신의 교육 기관에서 AI 리터러시 교육을 도입한다면 어떤 주제를 우선 선정할 것인가?
- 비판형: AI 리터러시 교육에서 '기술 활용'과 '비판적 사고' 중 무엇을 더 강조해야 하는가?
- 윤리형: 학생들이 AI에 과도하게 의존하여 사고력을 잃는다면 어떻게 대응할 것인가?
- 정책형: 모든 학생에게 공평한 AI 접근권을 보장하기 위한 정책 방안은 무엇인가?
- 미래 전망형: 10년 후 AI 리터러시 교육은 어떻게 변화할 것인가?

성찰

AI는 이제 우리 삶의 필수적인 부분이 되었다. 검색 엔진의 추천, 소셜 미디어 피드, 음악 스트리밍의 플레이 리스트까지, AI는 눈에 보이지 않게 우리의 선택에 영향을 미친다. AI가 제공하는 정보를 얼마나 비판적으로 평가하고 있나요? AI 리터러시는 바로 이러한 일상의 순간에서 시작된다. 교육자로서 학생들에게 AI를 맹목적으로 따르는 것이 아닌, 질문하고, 의심하고, 선택하는 능력을 길러주어야 한다.

핵심 용어

• AI 리터러시(AI Literacy): AI 시스템의 기능, 작동 원리, 한계, 윤리적 고려사항을 이해하고 책임감 있게 활용할 수 있는 능력.

• 비판적 AI 리터러시(Critical AI Literacy): AI 시스템에 내재된 권력 구조, 편향, 불평등을 식별하고 비판할 수 있는 능력.

• 알고리즘 편향(Algorithmic Bias): AI 시스템이 학습 데이터나 설계 과정에서 특정 집단에 대한 편견을 학습하여 불공정하거나 차별적인 결과를 산출하는 현상.

• 데이터 리터러시(Data Literacy): 데이터의 출처, 품질, 대표성, 한계를 이해하고 비판적으로 해석하며 데이터 기반 의사 결정의 타당성을 평가할 수 있는 능력.

• 디지털 시민성(Digital Citizenship): 디지털 기술과 미디어를 안전하고 책임감 있으며 윤리적으로 사용하는 능력과 태도.

요약

생성형 AI의 광범위한 도입으로 AI 리터러시 교육은 AI 활용 능력을 넘어, AI 환각, 편향성 등의 윤리적 문제를 비판적으로 성찰하고 메타인지 기반의 질문 및 성찰 역량을 함양하는 방향으로 근본적인 재설정이 요구된다.

참고문헌

김자미·김용(2023). "AI 융합교육 역량 강화를 위한 교사의 교육요구도 분석". 《인터넷정보학회논문지》, 24(5), 121~130쪽.

성경희·박은아(2024). "생성형 AI 시대 사회과교육의 과제에 대한 시론적 고찰: ChatGPT 활용을 둘러싼 6가지 주요 질문들". 《시민교육연구》, 56(2), 247~288쪽.

이강주 외(2025). "AI 시대 교사의 역할과 핵심역량 재설정을 위한 탐색적 연구". 《핵심역량교육연구》, 10(1), 1~22쪽.

이원규·김자미(2020). "AI 융합 교육을 위한 교사 교육과정 개발". 《한국융합인문학》, 8(3), 29~52쪽.

Holmes, W. et al.(2019). *Artificial Intelligence in Education.* Globethics Publications.

UNESCO(2023). Guidance for generative AI in education and research. UNESCO.

08
알고리즘의 공정성

오늘날 교육은 인공지능과 알고리즘에 의해 빠르게 변화하고 있다. 학습 추천, 성취도 예측, 입학 · 장학금 선발 등에서 알고리즘은 교사의 판단을 보조하거나 대체한다. 그러나 이러한 효율성 뒤에는 불평등한 데이터를 학습함으로써 차별을 재생산할 위험이 존재한다. 교육의 불공정은 학생의 기회를 제한하고 사회 정의를 위협한다. 이 장은 알고리즘 공정성의 개념과 사례를 통해 AI 시대 교육 정의의 핵심 과제로서 공정성의 필요성을 탐구한다.

AI와 인재 채용?

인공지능 시대의 정의를 묻다

인공지능이 사회 전반의 의사 결정에 깊숙이 관여하기 시작하면서, 우리는 한 가지 근본적인 질문과 마주하게 되었다. "기계가 내리는 결정은 과연 공정한가?" 알고리즘 공정성은 이 질문에서 시작됐다. 기술의 정확도를 높이는 게 아니라, 인간 사회에서 '공정하다는 게 뭔지'를 다시 생각해 보는 것이다. 교육 분야에서 이 논의는 더욱 절실하다. 교육은 본질적으로 인간의 가능성과 성장, 그리고 정의를 다루는 영역이다. 학습자에게 제공되는 평가와 기회, 그리고 피드백은 모두 한 사람의 삶의 궤적을 바꿀 수 있다. 따라서 교육 현장에서 알고리즘 공정성을 따지는 것은 단순한 기술 문제를 넘어, 인간의 존엄과 '교육 정의(educational justice)'를 지키는 일로 이어진다(Kizilcec & Lee, 2020).

AI는 방대한 데이터를 기반으로 학습하고 의사 결정을 내린다. 그러나 그 데이터는 사회로부터 수집된 것이며, 그 안에는 이미 사회적 편견과 불평등이 스며들어 있다. 만약 과거의 불평등이 반영된 데이터를 학습한 알고리즘이 오늘의 학생들을 판단한다면, 기술은 객관성을 가장한 또 다른 차별의 도구가 된다. 예를 들어 특정 지역의 학생들이 과거에 낮은 성취를 기록했다면, 알고리즘은 해당 지역 출신 학생을 '잠재적 저성취자'로 자동 분류할 수 있다. 이는 데이터 편향(data bias)의 전형적인 사례이며, 기술이 오히려 불평등을 고착화하는 구조로 작동할 수 있음을 보여 준다(Eubanks, 2018). 알고리즘 공정성은 이런 위험을 막기 위한 윤리적 기준이다. 기술이 중립적이란 환상을 버려야 한다. AI의 결정이 인간의 가치를 반영하도록 만드는 것, 그것이 사회적 약속이다. 교육 분야에서의 공정성은 성적의 형평성만이 아니라, 학습자의 잠재력과 성장 가능성을 존중하는 데 있다. 따라서 알고리즘 공정성은 교육의 철학과 기술의 언어가 만나는 지점에서 출발한다.

공정성의 개념과 이론적 기초

공정성은 본래 법과 윤리의 영역에서 출발한 개념이다. 교육에서도 오랫동안 평등과 형평의 문제는 논의되어 왔다. 1954년 미국의 '브라운 대 교육위원회(Brown v. Board of Education)' 판결은 "교육의 기회는 모든 이에게 평등하게 주어져야 한다"는 원칙을 세우며, 교육 불평등을 헌법적 정의의 문제로 규정했다. 이 결정은 오늘날 알고리즘 시대의 공정성 논의로 이어졌다(Kizilcec & Lee, 2020). 2010년대 이후 컴퓨터 과학 분야에서는 공정성을 수학적으로 정의하려는 시도가 본격화되었다. 클라인버그 등(Kleinberg et al., 2017)은 예측 모델의 오류율이 집단별로 다를 경우, 비록 전체 정확도가 높더라도 이는 불공정하다고 주장했다. 이들은 공정성을 세 가지 기준으로 구분했다. 첫째, 결과의 분포가 모든 집단에서 유사해야 한다는 인구학적 패리티(demographic parity), 둘째, 실제 능력이 같은 경우 동일한 예측이 나와야 한다는 기회 균등(equalized odds), 셋째, 긍정적 예측이 집단 간 동일한 신뢰도를 가져야 한다는 예측 평등(predictive parity)이다. 그러나 이 세 가지 기준은 동시에 충족될 수 없으며, 이는 공정성이 단순한 수학의 문제가 아니라 사회적 가치의 선택임을 보여 주었다.

교육학자들은 이러한 기술적 논의에 '인간 성장의 철학'을 접목했다. 키질첵과 리(Kizilcec & Lee, 2020)는 교육 알고리즘의 공정성을 데이터 수집, 모델 학습, 결과 해석의 세 단계로 나누어 설명했다. 데이터 단계에서는 대표성 부족이, 학습 단계에서는 편향된 패턴 학습이, 결과 단계에서는 불투명한 해석이 문제로 지적된다. 특히 학생의 잠재력을 고려하지 않고 과거 성적만으로 미래 성취를 예측할 경우, 교육의 본질적 가치가 훼손된다. 이와 같은 문제의식을 실증적으로 탐구한 장웨이지에와 파도스

(Jiang & Pardos, 2021)의 연구는 대학 성적 예측 모델에서 인종 간 오류율 차이를 줄이는 실험을 수행했다. 이들은 데이터의 불균형을 교정하고, 적대적 학습(adversarial learning) 방식을 도입함으로써 예측 성능을 유지하면서도 공정성을 크게 향상시켰다. 즉, 정확도와 공정성은 상충하는 개념이 아니라 상호 보완적 가치가 될 수 있음을 보여 준 것이다. 이후 사회학적 관점에서는 공정성을 기술적 문제를 넘어, 사회 정의와 인권의 차원에서 다루기 시작했다. 유뱅크스(Eubanks, 2018)는 "알고리즘은 불평등을 자동화하는 사회적 기계"라 지적하며, 기술의 중립성 신화를 해체했다. 이러한 비판은 교육 영역에서도 유효하다. 만약 교육 AI가 학생을 '위험군'이나 '저성취자'로 분류하는 과정에서 사회적 맥락을 배제한다면, 그것은 학습자의 가능성을 억압하는 도구가 된다.

교육 현장에서 드러난 공정성의 현실

공정성의 문제는 현실 속에서 가장 분명하게 드러난다. 미국의 대학 입학 시스템은 오랫동안 SAT와 ACT 같은 표준화 시험에 의존해 왔다. 그러나 이 시험은 학습 능력보다는 가정의 경제력과 부모의 교육 수준을 반영한다는 비판을 받아왔다. 일부 대학은 이러한 편향을 완화하기 위해 시험 선택제(test-optional)를 도입했지만, 이는 입시의 투명성을 떨어뜨렸다는 논란을 낳았다(Jiang & Pardos, 2021). 영국의 A-level 사태는 알고리즘 불공정의 대표적 사례로 남았다. 코로나19로 시험이 취소되자, 정부는 학생의 과거 성적과 지역 평균을 토대로 성적을 예측하는 알고리즘을 도입했다. 그러나 결과는 공립학교 학생의 점수를 낮추고 사립학교 학생에게 유리하게 작용했다. 거센 사회적 반발 끝에 정부는 알고리즘을 폐기했고, "기술이 신뢰를 무너뜨릴 수 있다"는 교훈을 남겼다(Eubanks, 2018).

한국에서도 학습 분석(Learning Analytics) 시스템이 빠르게 확산되고 있다. 하지만 일부 지역 학생이 과도하게 '위험군'으로 분류되는 사례가 나타나면서, 데이터의 불균형이 교육 불평등을 심화시킬 수 있다는 우려가 제기된다. 일마즈와 차크르(Yılmaz, F. & Çakır, H., 2021)는 학습 분석이 개별화 학습을 지원하는 유용한 도구이지만, 편향된 데이터를 기반으로 할 경우 오히려 공정성을 훼손할 수 있다고 지적했다. 이러한 사례들은 모두 같은 사실을 말해 준다. 알고리즘 공정성은 기술의 문제가 아니라 신뢰의 문제라는 것이다. 교육의 핵심은 예측이 아니라 관계이며, 기술은 그 관계를 강화해야 한다. 공정성이 확보되지 않으면 기술은 불평등을 강화하는 도구가 되지만, 확보된다면 그것은 교육 정의를 구현하는 강력한 수단이 된다.

공정성과 윤리, 그리고 인간

알고리즘 공정성 논의가 깊어질수록, 우리는 기술 너머의 인간을 다시 바라보게 된다. 공정성이란 단어는 단순히 "모두에게 같은 것을 주는 것"이 아니라 "각자가 필요한 것을 얻을 수 있게 하는 것"을 의미한다. 형식적 평등(formal equality)이 아닌 실질적 평등(substantive equity)의 관점에서, 교육은 학습자의 배경과 여건을 고려한 맞춤형 접근을 요구한다. 그러나 기술은 본래 표준화와 일관성을 추구한다. 이때 공정성은 기술과 철학이 긴장하는 접점에 선다. 정확도를 높이려는 알고리즘의 본성과 다양성을 존중하려는 교육의 가치가 충돌할 때, 어떤 선택을 할 것인가? 이 질문은 단순히 프로그래머의 결정이 아니라, 사회 전체의 윤리적 합의가 필요하다. 또한 공정성의 책임 주체도 불분명하다. AI가 불공정한 결과를 낳았을 때, 그것은 알고리즘 개발자의 책임인가, 학교의 책임인가, 아니면 시스템을 도입한 정책 당국의 책임인가? 이러한 복합적 구조 속에서 우리는 '책임의 다층성

(multilevel accountability)'을 인정하고, 거버넌스 차원의 제도적 장치를 마련해야 한다.

투명성 역시 중요한 문제다. 미첼 등(Mitchell et al., 2019)은 '모델 카드(model cards)' 개념을 제시하여 알고리즘의 성능, 편향, 한계를 문서화하자고 제안했지만, 대부분의 교사나 학생에게는 그 내용이 여전히 난해하다. Kizilcec & Lee(2020)는 "설명되지 않은 AI는 신뢰받지 못한다"고 지적하며, 설명 가능 인공지능(Explainable AI)의 필요성을 강조했다.

교육 정의의 미래

앞으로 알고리즘 공정성은 교육 정책의 핵심 기준이 될 것이다. 기술적으로는 다중 지표 기반의 공정성 평가, 인과적 공정성(causal fairness), 설명 가능성(XAI) 등이 결합된 새로운 모델이 등장할 전망이다. 정책적으로는 유럽연합의 'AI Act'처럼 교육 알고리즘을 고위험군(high-risk)으로 분류하고, 공정성 영향 평가를 의무화하는 제도가 필요하다. 무엇보다 중요한 것은 교사와 학생이 AI의 원리와 한계를 이해하는 일이다.

AI는 교사를 대체하는 도구가 아니라, 공정성을 보조하는 교육적 동반자로 사용되어야 한다. 이를 위해서는 교원 양성 과정에 AI 윤리와 데이터 리터러시 교육이 필수적으로 포함되어야 한다. 공정성의 기준은 기술자가 아니라 사회가 정해야 한다. 교육의 목적이 성취도를 높이는 건지, 기회를 공평하게 주는 건지부터 합의해야 한다. 기술은 그 합의를 구현하는 수단일 뿐이다. 결국 알고리즘 공정성의 미래는 기술적 개선, 제도적 장치, 현장 실행, 사회적 합의가 조화를 이루는 교육 정의의 생태계(eco-system of educational justice) 속에서 완성될 것이다. 공정성은 완결된 결과가 아니라, 사회가 끊임없이 갱신해야 할 과정이다. AI 시대의 교육은 더 정교한 데이터보다 더 정의로운 방향 감각을 필요로 한다.

연구 노트

토론 질문

• 적용형: 만약 귀하의 학교에 성취도 예측 알고리즘이 도입된다면, 어떤 방식으로 공정성을 확보할 수 있을까? 교사와 학생은 어떤 역할을 할 수 있을까?

• 비판형: 알고리즘의 정확도가 높아지는 것이 반드시 공정성을 의미한다고 볼 수 있는가? 공정성과 효율성 중 어느 가치가 더 우선되어야 하는가?

• 비판 · 적용 혼합형: 민감 특성을 포함하는 알고리즘 설계는 차별을 완화하기도 하고 오히려 강화하기도 한다. 귀하는 어떤 입장에 서는가, 그 이유는 무엇인가?

• 미래 전망형: 향후 한국 교육 정책에서 알고리즘 공정성을 보장하기 위해 어떤 제도적 장치가 마련되어야 할까? 국제적 흐름과 비교해 어떤 차별성이 필요할까?

성찰

알고리즘은 이미 우리 삶과 교육 현장에 깊숙이 들어와 있다. 독자는 자신이 경험한 평가와 입시 과정에서 불공정하게 느껴졌던 경험을 떠올려볼 수 있다. 만약 그 과정이 인공지능 알고리즘에 의해 운영되었다면 결과는 어떻게 달라졌을지, 그리고 그 결과가 더 공정했을지 혹은 덜 공정했을지를 성찰해 보자. 또한 향후 인공지능 기반 평가가 도입될 때, 그 기준을 누가 정해야 하는지를 고민해 보는 것도 의미 있는 사고 확장이 될 것이다.

핵심 용어

• 알고리즘 공정성(Algorithmic Fairness): 자동화된 의사 결정 과정에서 특정 개인이나 집단이 차별받지 않도록 보장하는 원리. 교육에서는 학생의 학습 기회와 권리

보장과 직결된다.

• 데이터 편향(Data Bias): 사회적 불평등이 데이터에 반영되어 알고리즘 결과에도 그대로 나타나는 현상. 예를 들어 특정 지역 학생이 반복적으로 낮은 성취 예측을 받는 경우가 있다.

• 그룹 공정성(Group Fairness): 성별, 지역, 사회 경제적 배경 등 집단 간 예측 결과 분포와 오류율이 유사해야 한다는 공정성 개념.

• 개인 공정성(Individual Fairness): 비슷한 조건을 가진 개인이 유사한 결과를 받아야 한다는 원칙. 동일한 성취를 보인 학생이 다른 결과를 받는 것은 불공정하다.

• 모델 카드(Model Cards): 알고리즘의 성능, 한계, 집단별 차이 등을 문서화하여 투명성을 높이는 도구. 교육 알고리즘의 신뢰성 확보 수단으로 활용될 수 있다.

요약

인공지능은 교육의 의사 결정을 빠르고 효율적으로 바꾸고 있지만, 그 배경에는 편향된 데이터와 불평등의 위험이 존재한다. 알고리즘 공정성은 단순한 기술 문제가 아니라, 인간의 존엄과 사회 정의를 지키기 위한 윤리적 기준이다.

교육에서 공정성이란 모든 학습자에게 동일한 기회를 보장하는 것뿐 아니라, 각자의 잠재력과 맥락을 존중하는 것을 의미한다. AI의 판단은 객관성을 가장할 수 있지만, 그 안에는 사회적 가치 선택이 숨어 있다. 따라서 교육의 미래는 더 정확한 알고리즘이 아니라, 더 정의로운 방향 감각 위에 세워져야 한다.

참고문헌

Eubanks, V.(2018). Automating inequality: How high-tech tools profile, police, and punish the poor. St. Martin's Press.

Jiang, W. & Pardos, Z. A.(2021). Towards Equity and Algorithmic Fairness in Student Grade Prediction. *Proceedings of the 2021 AAAI/ACM Conference on AI, Ethics, and Society*, pp.608~617. https://doi.org/10.48550/arXiv.2105.06604

Kizilcec, R. F., & Lee, H.(2020). Algorithmic fairness in education (arXiv:2007.05443). arXiv. https://arxiv.org/abs/2007.05443

Kleinberg, J. M. et al.(2017). Inherent Trade-Offs in the Fair Determination of Risk Scores. *Information Technology Convergence and Services*, pp.1~23.

Mitchell, M. et al.(2019). Model Cards for Model Reporting. *Proceedings of the Conference on Fairness, Accountability, and Transparency.*

Yılmaz, F. & Çakır, H.(2021). Learning Analytics and Potential Usage Areas in Education. *Journal of Learning and Teaching in Digital Age, 6*(2), pp.81~89.

09
공감하는 기계, 소셜 로봇

소셜 로봇은 인간과 언어 · 표정 · 제스처로 상호작용하며 학습을 돕는 인공지능 기반 동반자다. 유아 언어 발달, 외국어 학습, 특수 교육 등 다양한 영역에서 활용되며 교실의 형태를 바꾸고 있다. 그러나 학생이 기계와 정서적 유대를 맺는 문제, 교사의 역할 변화, 데이터 윤리 등 논쟁이 뒤따른다. 이 장은 소셜 로봇의 개념, 사례, 윤리적 쟁점을 탐구하며 미래 교육의 방향을 모색한다.

AI와 기자?

소셜 로봇의 개념과 등장 배경

소셜 로봇은 사람과 사회적으로 상호작용하도록 만들어진 AI 로봇이다. 단순히 자동화된 도구가 아니라 눈빛, 표정, 몸짓, 대화로 사람의 신호를 알아채고 반응한다(Belpaeme et al., 2018). 이러한 특성 덕분에 소셜 로봇은 인간과 '사회적 관계'를 맺을 수 있는 특별한 존재로 간주된다. 교육 맥락에서 소셜 로봇은 학습자의 정서적 반응을 유도하고, 학습 몰입을 향상시키며, 특히 저연령 아동과 특수 교육 대상자에게 효과적이다(Scassellati et al., 2012). 소셜 로봇은 인간과 로봇의 상호작용(HRI: Human-Robot Interaction)의 발전을 통해 등장했다. 1990년대 후반부터 인공지능이 언어와 감정 인식 기능을 획득하면서, 로봇은 단순한 산업용 기계를 넘어 사회적 존재로 진화했다. 신시아 브리질(Cynthia Breazeal)의 연구는 이러한 변화의 출발점이었다. 그녀의 대표작 《Designing Sociable Robots》(2002)은 로봇이 인간의 감정을 인식하고 이에 적절히 반응할 수 있도록 설계하는 데 초점을 맞췄다. 브리질은 "로봇은 인간의 정서적 신호를 해석하고 사회적 피드백을 제공하는 존재로 설계되어야 한다"고 주장하며(Breazeal, 2002), 이후 교육용 로봇의 개념적 기초를 마련했다.

소셜 로봇이 교육에서 주목받는 이유는 세 가지다. 첫째, 학습자 중심 상호작용의 강화다. 이전의 디지털 학습 도구가 정보 제공 중심이었다면, 소셜 로봇은 상호작용과 피드백을 통해 학습자의 반응을 유도한다(Belpaeme et al., 2018). 둘째, 정서적 지원 기능이다. 로봇이 학습자의 감정 상태를 감지하고 긍정적 피드백을 제공하면 학습 동기와 자신감이 높아진다. 셋째, 특수 교육 지원 역할이다. 자폐 스펙트럼 장애 아동이 사람과의 직접적 상호작용에 불안을 느낄 때, 로봇은 예측 가능한 패턴을 통해 안정감을 제공한다(Scassellati et al., 2012). 기술적 배경 외에도 사회적 요인이 중요했다. 고령화, 돌봄 인력 부족, 교육 격차 확대는 모두 자동화된 상호작용 기술의 필요성을 키웠다. 특히 코로나19 팬데믹 이후 비대면 수업이 보편화되며, 학습자의 고립감과 사회적 소통 결핍을 보완할 수 있는 도구로 소셜 로봇이 주목받았다(Sievers, 2025). 소셜 로봇은 단순한 기술 혁신을 넘어, 교육의 관계성과 인간중심성을 회복하기 위한 새로운 방향을 제시한다.

역사적 전개와 주요 이론

소셜 로봇 연구의 초기 목표는 감정 인식과 반응 능력을 구현하는 것이었다. MIT 미디어랩의 키즘(Kismet)은 사람의 표정과 목소리 변화를 감지해 웃거나 고개를 숙이는 단순한 반응을 보였다. 이러한 실험은 로봇이 인간과 정서적으로 연결될 수 있다는 가능성을 보여 주었다(Breazeal, 2002). 이후 유럽의 ALIZ-E 프로젝트(2010~2014)는 아동의 언어 학습과 사회적 상호작용을 장기적으로 추적하여, 로봇이 인간 교사와 유사한 상호작용적 피드백을 제공할 수 있음을 입증했다(Belpaeme et al., 2018).

학문적으로 소셜 로봇은 인간-로봇 상호작용(HRI)의 핵심 분과로 자리 잡았다. 이 연구는 로봇이 인간의 사회적 신호를 인식하고, 정서적으로 적절한 반응을 제공하기 위한 알고리즘 개발에 초점을 맞춘다. 벨파임 등(Belpaeme et al., 2018)은 "로봇이 눈 맞춤, 고개 끄덕임, 발화 맞추기 등 단순한 사회적 신호를 구현할 때, 학습자의 몰입도가 유의하게 상승한다"고 보고했다. 이러한 연구 결과는 소셜 로봇이 교육적 몰입을 강화할 수 있다는 실증적 근거를 제공한다. 심리학과 교육학에서도 소셜 로봇의 이론적 기반이 확립되었다. 비고츠키(Vygotsky, 1978)는 학습이 사회적 상호작용을 통해 내면화된다고 보았으며, 피아제(Piaget, 1952)는 아동의

인지 발달이 또래 간 협력을 통해 촉진된다고 설명했다. 이러한 이론은 소셜 로봇이 '디지털 또래(digital peer)'로 기능할 수 있음을 뒷받침한다.

실제 적용 사례: 국제 및 국내 비교

국제 사례에서 유럽연합의 ALIZ-E 프로젝트는 유아의 어휘 학습과 정서 발달에 소셜 로봇이 기여할 수 있음을 실증했다. 특히 로봇이 반복적 피드백을 제공할 때, 학습자의 집중력과 학습 지속 시간이 증가했다(Belpaeme et al., 2018). 일본에서는 소프트뱅크의 '페퍼(Pepper)'가 초등학교 영어 회화 수업에 투입되어, 학생의 말하기 불안을 완화하는 효과가 나타났다. 페퍼는 대화 중 긍정적 표현을 반복하고 학생의 오류를 부드럽게 수정하는 기능을 수행했다. 독일 루벡 대학교에서는 지버스(Sievers, 2025)가 GPT-기반 대화형 로봇을 고등학교 생물 수업에 투입해, 학생의 참여율과 만족도가 향상됨을 보고했다. 국내 사례로는 초등학교 영어 보조 수업과 특수학교의 사회성 향상 프로그램에서 소셜 로봇이 활용되었다. 초기에는 학생의 흥미와 참여도가 급격히 높아졌으나, 일정 시간이 지나면 상호작용의 단조로움이 문제로 드러났다. 또한 로봇의 반응이 학생의 개인적 맥락을 충분히 이해하지 못하는 경우, 학습자 맞춤형 지원이 제한되었다. 이는 교사의 창의적 개입과 상호작용의 조정이 필수적임을 시사한다.

논쟁점과 윤리적 쟁점

소셜 로봇의 확산은 교육 혁신의 상징이지만, 동시에 윤리적 · 사회적 문제를 야기한다. 첫째, 교사 역할의 축소다. 로봇이 지식 전달을 보조할 수 있지만, 정서 지도와 가치 형성은 인간 교사의 고유한 영역이다(Belpaeme et al., 2018). 둘째, 정서적 의존 문제다. 특히 유아나 특수교육 아동이 로봇에게 과도한 애착을 형성할 경우, 실제 인간관계 형성이 지연될 수 있다(Scassellati et al., 2012). 셋째, 데이터 프라이버시 문제다. 로봇은 음성, 표정, 행동 데이터를 수집하므로, 이를 어떻게 보호하고 활용할지 명확한 기준이 필요하다(Sievers, 2025). 넷째, 형평성 문제다. 고가의 장비는 일부 학교나 가정에만 보급될 수 있어, 교육 격차를 심화시킬 위험이 있다. 다섯째, 사회적 관계의 본질에 대한 철학적 논의다. "로봇은 사회적 신호를 모방하지만, 인간과 같은 의미의 관계를 형성하지는 않는다(Scassellati et al., 2012)"라는 지적이 있다.

미래 전망과 정책적 함의

향후 소셜 로봇은 감정 인식, 대화 모델, 개별화 피드백 기능을 통합한 학습 파트너로 발전할 것이다. 벨파임 등은 향후 로봇이 "교사의 보조자이자 학습자의 감정적 조력자"로 진화할 것이라고 전망했다. 유아 교육에서는 언어 습득과 기초 학습 보조, 특수 교육에서는 사회 기술 훈련과 정서 안정 지원이 확대될 것으로 보인다. 일반 교실에서는 교사가 전체 학급을 지도하는 동안 로봇이 개별 학생에게 맞춤형 피드백을 제공하는 형태가 정착될 수 있다.

정책적 함의도 중요하다. 첫째, 윤리 가이드라인 제정이다. 학생의 개인 정보와 정서 데이터는 법적 보호 장치 아래 관리되어야 한다. 둘째, 형평성 확보다. 소셜 로봇의 공교육 내 균등 보급이 필요하며, 공공 재정 지원이 필수적이다. 셋째, 교사 역량 강화다. 로봇을 수업 도구로 활용하는 교사 연수와 실습이 제도화되어야 한다. 넷째, 책임 구조의 명확화다. 로봇이 잘못된 정보를 제공하거나 정서적 피해를 초래했을 경우, 개발자 · 교육 기관 · 교사 간 책임 분담 체계를 구축해야 한다. 소셜 로봇은 학생의 참여와 정서적 안정을 높일 수 있다. 하지만 교사를 대체하는 게 아니라 보조하는 역할로만 써야 한다. 기술 발전과 함께 윤리, 정책, 사회적 합의가 병행될 때 비로소 소셜 로봇은 교육 정의와 포용성을 실현하는 도구가 된다. 교육의 본질은 여전히 인간적 관계와 상호작용에 있으며, 로봇은 이를 확장하고 지원하는 방향으로 활용되어야 한다.

연구 노트

토론 질문

• 적용형: 귀하의 학교나 교육 기관에 소셜 로봇이 도입된다면, 어떤 방식으로 교사의 역할을 보완할 수 있을까?

• 비판형: 학생이 로봇과 정서적 유대를 형성하는 것이 바람직한가? 인간관계와 기계적 관계의 차이를 어떻게 구분해야 할까?

• 혼합형: 소셜 로봇은 교육 불평등을 해소하기 위한 도구가 될 수 있는가, 아니면 새로운 격차를 만들어 낼 위험이 더 큰가?

• 미래 전망형: 향후 한국 교육 정책은 소셜 로봇을 공교육 현장에 어떤 방식으로 도입하고 규제해야 할까? 형평성과 윤리성을 보장하기 위한 방안은 무엇일까?

성찰

소셜 로봇은 학생과 교사가 경험해 온 교실 풍경을 근본적으로 바꿀 수 있다. 독자는 자신이 경험한 학습 상황을 떠올리며, 만약 그 자리에 교사와 또래 대신 로봇이 있었다면 어떤 차이가 있었을지를 상상해 볼 수 있다. 학습자의 정서, 교사의 역할, 교육의 본질적 가치는 기술로 대체될 수 있는가? 아니면 보완되어야 하는가? 이러한 질문을 스스로 던져보는 것이 AI 시대 교육을 성찰하는 출발점이 된다.

핵심 용어

• 소셜 로봇(Social Robot): 사람과 언어 · 표정 · 제스처를 통해 사회적 상호작용을 수행하도록 설계된 로봇. 학습자와 정서적 관계를 형성하고 교육적 파트너로 활용될 수 있다.

• 인간-로봇 상호작용(HRI): 인간과 로봇이 소통하고 협력하는 과정을 연구하는 학문 분야. 소셜 로봇의 작동 원리와 효과를 설명하는 핵심 연구 영역이다.

• 동반자 학습 이론(Companion Learning Theory): 학습자가 교사 외에도 다양한 동반자와 상호작용할 때 학습 효과가 증진된다고 보는 이론. 소셜 로봇이 새로운 학

습 동반자로 기능할 수 있다는 근거를 제공한다.

• 정서적 의존(Emotional Dependence): 학생이 로봇에 과도하게 친밀감을 느끼고 의존하는 현상. 학습 동기 강화에 긍정적일 수 있으나, 인간관계 발달을 저해할 위험이 있다.

• 교육 형평성(Educational Equity): 모든 학생에게 동등한 학습 기회가 제공되어야 한다는 원리. 소셜 로봇이 비용 문제로 특정 집단에만 집중될 경우 형평성을 해칠 수 있다.

요약

소셜 로봇은 인간과 사회적 상호작용을 수행하도록 설계되어 학습자의 정서적 반응과 몰입을 향상시키며, 특히 저연령 및 특수 교육 대상자에게 효과적인 학습 동반자 역할을 하지만, 윤리적 쟁점과 교육 형평성 문제를 고려한 정책적 기준 마련이 필수적이다.

참고문헌

Belpaeme, T. et al.(2018). Social robots for education: A review. *Science Robotics, 3*(21), eaat5954. https://doi.org/10.1126/scirobotics.aat5954

Breazeal, C.(2002). *Designing sociable robots.* MIT Press.

Piaget, J.(1952). *The origins of intelligence in children.* International Universities Press.

Scassellati, B. et al.(2012). Robots for use in autism research. Annual Review of Biomedical Engineering, 14, 275～294.

Sievers, T.(2025). A Humanoid Social Robot as a Teaching Assistant in the Classroom. arXiv preprint arXiv:2508.05646.

Vygotsky, L. S.(1978). *Mind in society: The development of higher psychological processes.* Harvard University Press.

10
미래 교육 거버넌스

미래 교육 거버넌스는 교육 정책의 결정과 집행, 평가를 아우르는 운영 원리로, 중앙정부 중심의 통제를 넘어 다양한 주체의 협력과 조정을 지향한다. 인공지능, 데이터, 소셜 로봇의 확산은 교실과 행정의 작동 방식을 근본적으로 바꾸고 있다. 이제 거버넌스는 인간 · 데이터 · 기계가 함께 참여하는 다층적 의사 결정 체계로 진화하고 있으며, 신뢰 · 책임 · 형평성을 중심으로 한 윤리적 통치가 그 핵심 과제가 되고 있다.

AI와 미래 의사?

개념과 등장 배경

교육 거버넌스는 교육 정책을 결정하고 실행하고 평가하는 과정에 여러 주체가 함께 참여하는 체계다. 행정 구조나 제도만을 의미하지 않으며, 정책을 실행하는 사람들 사이에서 형성되는 신뢰(trust), 책임(accountability), 역량(capacity)의 관계적 균형을 포함한다(Burns et al., 2016). 과거의 교육 정책은 중앙정부가 지시하고 학교가 따르는 위계적 구조에 기반했지만, 오늘날의 거버넌스는 정부 중심의 통제를 넘어 협력과 조정이 이루어지는 수평적 체계로 발전하고 있다.

번스 등(Burns et al., 2016)은 교육 거버넌스를 책임, 역량, 신뢰의 상호작용을 통해 지속 가능한 의사 결정을 가능하게 하는 구조로 정의하였다. 번스 등(2016)은 이러한 관점에서 정책의 성패가 제도 자체보다 참여 주체 간의 신뢰와 전문성의 조화에 달려 있음을 분석한다. 엘퍼트와 이데센(Elfert & Ydesen, 2023)은 교육 거버넌스를 국가 내부의 행정 체계를 넘어 국제적 협력 구조로 확장하여 설명한다. UNESCO, OECD, 그리고 세계은행은 각각 인권과 평등, 성과 지표와 데이터, 재정 지원과 정책 자문을 통해 세계 교육 정책의 방향을 제시해 왔다. 이들의 영향력은 교육 거버넌스가 더 이상 한 국가의 행정 체제에 머물지 않고, 세계적 표준과 지역적 현실이 교차하는 다층적 네트워크로 작동하고 있음을 보여 준다. 김용일(2023)은 국가교육위원회 출범을 한국 교육 거버넌스의 구조적 전환점으로 평가하였다. 그는 중앙 · 지방 · 학교의 권한 정렬, 참여적 의사 결정의 제도화, 데이터 기반 행정 역량 강화를 핵심 과제로 제시했다. 한국형 거버넌스가 지속적으로 작동하기 위해서는 법적 구조의 재편뿐 아니라 신뢰 문화의 정착과 참여 주체의 학습 역량이 함께 구축되어야 한다고 보았다. 일마즈와 차키르(Yılmaz & Çakır, 2021)는 인공지능과 학습 분석(learning analytics)의 확산이 교육 거버넌스의 형태를 바꾸고 있다고 지적했다. 데이터 기반 행정은 정책의 효율성을 높이지만, 동시에 투명성(Transparency), 책임성(Responsibility), 형평성(Fairness)을 확보해야 한다는 윤리적 기준을 동반한다.

이처럼 기술이 중심이 되는 거버넌스에서는 역설적으로 인간의 가치 판단과 사회적 책임이 더욱 중요해질 수밖에 없다. 교육 거버넌스는 제도적 틀을 넘어선 협력의 생태계다. 정부, 학교, 교사, 학생, 지역 사회, 그리고 기술 플랫폼이 서로 연결될 때, 교육은 단순한 관리 체계를 넘어 관계와 신뢰의 기반 위에서 지속될 수 있다.

역사적 전개와 이론적 흐름

19세기 국민 국가의 형성과 함께 교육은 중앙정부의 통제 아래 운영되었다. 그러나 20세기 후반 민주화, 지방분권, 신공공관리(NPM) 이론의 등장으로 자율성과 참여가 확대되었다. 21세기 들어 거버넌스의 관심은 효율성에서 신뢰로, 성과에서 형평으로, 통제에서 협력으로 이동했다. 번스 등(Burns et al., 2016)은 교육 거버넌스의 핵심 조건을 세 가지로 정리한다.

① 책임(Accountability): 정책 결과에 대한 설명 책임.

② 역량(Capacity): 실행 주체의 전문성 강화.

③ 신뢰(Trust): 제도와 구성원 간 상호 존중 기반.

이 세 가지 축은 이후 OECD 정책 모델의 기초가 되었고, 김용일(2023)은 이를 한국의 교육 행정 구조 재편 분석에 적용했다.

한국의 교육 거버넌스 재구조화

이러한 글로벌 거버넌스 환경의 변화와 기술적 전환 속에서, 한국의 교육 체제 역시 기존의 중앙집권적 행정 구조를 재검토하며 새로운 거버넌스 구성을 모색하고 있다. 김용일(2023)은 국가교육위원회 출범을 한국 교육 거버넌스의 분수령으로 분석했다. 이 위원회는 국가 차원의 장기 교육 비전과 정책 일관성을 담당하지만, 실제 운영에서는 여전히 중앙 행정 중심의 결정 구조가 유지되고 있다는 한계를 안고 있다. 그는 이러한 구조적 긴장을 전제로 한국의 거버넌스가 성공적으로 재구성되기 위해 충족되어야 할 세 가지 조건을 제시했다. 중앙-지방-학교 간 권한의 정렬(alignment), 참여적 의사 결정 구조의 제도화, 그리고 데이터 기반 행정 역량의 강화가 그것이다. 이 연구는 제도 설계의 변화만으로는 충분하지 않으며, 신뢰 문화의 형성과 참여 주체의 학습 역량이 함께 구축될 때 한국형 교육 거버넌스가 지속 가능한 체계로 작동할 수 있음을 강조한다. 이러한 논의는 이후 데이터 기반 거버넌스와 AI 행정, 그리고 인간-기계 협력 구조에 대한 검토로 자연스럽게 확장된다.

글로벌 거버넌스와 국제기구의 역할

엘퍼트와 이데센(Elfert & Ydesen, 2023)은 UNESCO, OECD, 세계은행이 각기 다른 방식으로 교육 정책의 규범화와 표준화를 주도해 왔다고 지적한다.

• UNESCO → 인권 · 평등 · 지속 가능성 중심의 규범적 가치 확산.

• OECD → 성과 지표 · 데이터를 통한 정책 표준화.

• 세계은행 → 재정 지원 및 정책 자문을 통한 제도적 영향력.

이들은 "글로벌 거버넌스는 위계적 통제가 아닌, 상호 의존적 네트워크 구조"임을 강조한다. 한국 또한 OECD의 Education 2030 Framework와 UNESCO의 SDG4를 수용하며 국제적 정책 정렬에 참여하고 있다.

데이터 기반 거버넌스와 AI 행정

일마즈와 차키르(Yılmaz & Çakır, 2021)는 학습 분석(Learning Analytics)을 데이터 기반 거버넌스의 핵심 도구로 제시했다. AI 알고리즘은 학생의 학습 패턴을 실시간으로 분석하고, 개인화된 학습 · 평가 · 상담을 가능케 한다. 그러나 동시에 데이터 편향(data bias), 설명 불가능성(black-box issue), 프라이버시 침해 등의 문제가 발생한다. 이들은 거버넌스 설계 시 반드시 다음 세 가지 윤리 원칙이 병행되어야 한다고 제안했다.

① 투명성(Transparency): 알고리즘 작동 과정 공개.

② 책임성(Responsibility): AI 의사 결정의 결과 책임 주체 명확화.

③ 형평성(Fairness): 데이터 수집 및 분석에서 불평등 최소화.

이는 번스 등(Burns et al., 2016)의 '신뢰 · 책임 · 역량' 모델과 직결되며, AI 시대의 거버넌스 2.0 윤리 프레임으로 발전된다.

소셜 로봇과 거버넌스의 확장

최근 사이언스 로보틱스(Science Robotics)는 소셜 로봇 거버넌스(Social Robot Governance) 개념을 제시했다. 이는 교육 현장에서 로봇이 학습자와 상호작용하는 과정에서 발생하는 정서적 · 사회적 윤리 문제를 제도적으로 관리하는 체계다. 로봇은 단순한 교육 보조 도구를 넘어 사회적 행위자(social agent)로 기능하며, 이에 따른 인간-기계 간 책임 분담이 필요하다. 이 연구는 거버넌스가 더 이상 "인간 사회의 통치 구조"에 머물지 않고, 기계적 행위자와의 공존 시스템으로 확장되어야 함을 보여 준다. 이제 교육 거버넌스는 행정, 기술, 윤리, 정서적 영역까지 아우르는 '거버넌스 4.0'으로 진화하고 있다.

인간중심 교육 거버넌스의 전환

교육 거버넌스는 단순한 행정 제도나 조직 설계를 넘어, 사회적 관계와 기술적 환경이 함께 작동하는 복합적 체계다. OECD는 교육 거버넌스를 신뢰(trust), 책임(accountability), 역량(capacity)의 균형 속에서 이해해야 할 운영 원리로 강조해 왔으며, UNESCO와 OECD · 세계은행은 글로벌 정책의 표준화를 이끌었다. 한국은 국가교육위원회를 중심으로 제도 개편을 시도하고 있으며, AI · 데이터 · 로봇의 등장은 교육 거버넌스의 범위를 인간-기계 협력 체계로 확장시켰다. 미래의 교육 거버넌스는 기술적 효율성에 머물지 않고, 신뢰 · 형평 · 윤리 · 참여가 결합된 인간중심 체계로 발전해야 한다. 결국 거버넌스의 핵심은 '통제'가 아니라 '협력(cooperation)', '제도'가 아니라 '관계(relationship)'다.

연구 노트

토론 질문

• AI · 로봇 시대에 교육 거버넌스의 책임 주체는 누구인가?

• 적용형: 인공지능과 데이터 행정이 확산되는 시대에, 교사와 학교는 어떤 방식으로 의사 결정 과정에 참여할 수 있을까?

• 비판형: OECD와 세계은행의 정책 표준화가 국가 교육 정책의 다양성과 자율성을 약화시킬 수 있다는 비판

에 대해 여러분은 어떻게 생각하는가?

• 전망형: AI와 소셜 로봇이 포함된 '거버넌스 4.0' 체제에서, 인간중심 윤리를 실질적으로 구현하기 위한 조건은 무엇일까?

• 윤리 · 정책형: 데이터 기반 행정의 효율성과 학습자 개인정보 보호 사이의 균형은 어떻게 설정돼야 하는가?

• 통합형: "거버넌스의 핵심은 통제가 아니라 협력이다"라는 문장은 오늘날 교사 · 학생 · 기술의 관계 속에서 어떤 의미로 재해석될 수 있을까?

성찰

교육 거버넌스의 미래는 기술이 아니라 관계를 회복하는 데 달려 있다. 사람과 기계가 협력하되, 사람의 가치와 윤리가 중심이 될 때 교육이 정의로워진다. AI 시대의 진정한 거버넌스는 "지배의 구조"가 아니라 "공동의 지혜를 나누는 구조"다. 인공지능과 데이터가 확대되는 지금 거버넌스는 기술적 효율성과 사회적 신뢰 사이에서 균형을 어떻게 잡아야 하는지 성찰할 필요가 있다. 그리고 교육 거버넌스의 본질은 통제가 아니라 신뢰와 협력이다. AI와 데이터가 교육 의사 결정을 정교하게 만들수록, 인간의 역할은 오히려 더 윤리적이고 관계적인 영역으로 확장된다. 미래의 교육은 효율보다 공존을, 중앙 집권보다 상호 의존을 지향해야 하며, 기술은 교육의 중심이 아니라, 인간이 더 깊이 이해하고 연결될 수 있도록 돕는 도구가 되어야 한다.

핵심 용어

• 교육 거버넌스(Educational Governance): 교육 정책의 결정, 집행, 평가 과정에서 다양한 주체(정부 · 지자체 · 학교 · 시민 · 기술 플랫폼)가 협력적으로 참여하는 의사 결정 체계.

• 책임(Accountability): 정책이나 의사 결정 결과에 대해 투명하게 설명하고 평가받는 책임. OECD는 교육 거버넌스의 핵심 원리로 제시했다.

• 신뢰(Trust): 제도와 구성원 간 상호 존중과 공감의 기반으로, 지속 가능한 협력 구조를 만드는 핵심 요소.

• 데이터 기반 거버넌스(Data-Driven Governance): AI와 학습 분석(learning analytics)을 활용해 정책과 행정을 설계 · 운영하는 체계. 효율성 향상과 함께 윤리적 검증이 요구된다.

• 인간중심 거버넌스(Human-Centered Governance): 기술 효율성을 넘어, 신뢰 · 형평 · 윤리 · 참여를 결합하

여 인간의 존엄과 관계적 가치를 중심으로 한 운영 철학.

• 소셜 로봇 거버넌스(Social Robot Governance): 교육 현장에서 로봇이 인간과 상호작용할 때 필요한 윤리 · 법 · 제도적 관리 체계.

요약

미래의 교육 거버넌스는 기술의 효율성을 넘어 인간의 신뢰와 협력으로 재구성되어야 한다는 점이다. AI · 데이터 · 로봇의 등장은 교육 행정과 교실 운영의 방식을 변화시켰지만, 진정한 혁신은 기술의 정교함이 아니라 인간의 윤리적 통찰과 관계적 책임에서 시작된다. 교육 거버넌스는 더 이상 중앙정부의 통제 체계가 아니라, 교사 · 학생 · 지역 · 기술이 함께 참여하는 다층적 협력 생태계로 발전해야 한다. 따라서 미래의 교육은 신뢰를 기반으로 한 협력, 책임을 수반한 참여, 그리고 인간중심의 윤리적 통치를 통해 완성된다.

교육 거버넌스의 목적은 효율적 통제가 아니라 사람을 위한 정의롭고 지속 가능한 협력 구조를 세우는 것이다.

참고문헌

김용일(2023). "국가교육위원회 출범 이후 교육 거버넌스 개편 현황과 과제". 《교육행정학연구》, 41(5), 307~330쪽.
Burns, T. et al.(2016). Education Governance in Action: Lessons from Case Studies. OECD Publishing. https://doi.org/10.1787/9789264262829-en
Elfert, M. & Ydesen, C.(2023). *Global Governance of Education: The Historical and Contemporary Entanglements of UNESCO, the OECD and the World Bank*. Springer. https://doi.org/10.1007/978-3-031-40411-5
Yılmaz, F. & Çakır, H.(2021). Learning Analytics and Potential Usage Areas in Education. *Journal of Learning and Teaching in Digital Age, 6*(2), pp.81~89.

김은하

장로회신학대학교 객원 교수이자 강남대학교 강사다. 장로회신학대학교에서 역사신학 박사학위를, 스위스 제네바대학교에서 개신교신학 석사학위를 받았다. 현재 미국 Oikos University에서 AI융합학 박사과정을 이수 중이다. 한국교회사학회 아시아 분과장, 아시아기독교사학회 이사, 세계여목사회, 한국얍스펠로십, 동서지행 연구원으로 활동하고 있다. 주요 저서로 《생명 문명 시대를 연 20세기 기독여성 지도자》(2022) 등이 있다. "Faith in Action: Madeleine Barot and La CIMADE's Humanitarian Resistance"(2025) 등 국제학술지(Scopus) 논문을 포함해 KCI 등재학술지에 다수의 논문을 게재했다. 세계선교학회(IAMS) 등 국제 학술대회에서 활발히 발표하고 있다.

김세광

미국 Oikos University 경영학부 AI융합학과 교수다. 명지대학교에서 교육학 박사학위를 받았다. AI 융합교육, 생성형 AI 기반 교수학습 설계, 청소년 참여형 AI 리터러시 프로그램 등을 중심으로 연구와 강의를 진행하고 있다. 한국청소년활동학회 학술위원장으로 활동하며, 교육 현장과 지역 사회를 잇는 실천 중심 연구를 꾸준히 이어오고 있다. 또한 Spark AI 교육연구소에서 CSO를 담당하고 있고 뱅크다이어리의 AI Think Tank 연구소의 소장으로 AI 기반 마케팅을 실무에서 연구하고 실행하고 있다. 교육과 기술, 사람 중심 가치의 융합을 실현하는 프로젝트를 수행 중이다. 주요 저서로는 《멜리츠학습법》(2024, 공저), 《그날, 나는 20달러를 AI에게 지불했다》(2025), 《AI로 나를 브랜딩하다》(2025, 공저) 등이 있다. 최근에는 "AI 융합교육 전문가과정", "AI 기반 교육설계 & 교육경영", "AI Convergence Entrepreneurship Bootcamp" 등의 커리큘럼을 기획·운영하며, 'AI 시대의 교육은 기술이 아닌 인간의 가능성을 확장하는 일'이라는 철학 아래 국내외 교육자들과 협력하고 있다.

이경림

상명대학교에서 디자인을 전공하고, 현재 한세대학교 영산신학대학원에서 목회학 석사(M.Div.) 과정을, 미국 Oikos University에서 AI융합학 박사과정을 이수 중이다. 한세대학교 영산글로벌신학연구소 연구원으로 있으며, 신학과 AI 융합교육을 연구 주제로 삼고 있다. 주요 연구 분야는 AI 기반 신학교육, AI 교육 거버넌스, 다음 세대 신앙교육이다. 현재 한국AI교육협회 정회원이며, AI융합교육 전문 연구위원과 AI 전문강사로 활동하고 있다. 한세대학교 AI리터러시 교육 특강, 한국체육대학교에서 AI활용 학습 및 행정에 대한 교육을 시행한 바 있다. 최근에는 "AI 시대 교회 사역을 위한 홍보·마케팅 전략"(2024), "AI 융합 미래목회"(2025) 등 연구와 프로젝트를 통해 신학·교육·AI 기술을 통합한 목회 경영 모델을 제시하고자 한다. 저서로는 《말씀이 머무는 밤; AI와 함께 하는 30일

간 고요한 동행: 잠언편》 (2025), 《AI시대 New경영학개론 2025》 (2025, 공저)이 있다.